Só bato em cachorro grande, do meu tamanho ou maior

**CIDINHA DA SILVA**

Só bato em cachorro grande, do meu tamanho ou maior

**81 LIÇÕES DO MÉTODO SUELI CARNEIRO**

1ª edição

Rio de Janeiro, 2025

Copyright © Cidinha da Silva, 2025

Diagramação: Abreu's System

CIP-BRASIL. CATALOGAÇÃO NA PUBLICAÇÃO
SINDICATO NACIONAL DOS EDITORES DE LIVROS, RJ

S579s

Silva, Cidinha da
  Só bato em cachorro grande, do meu tamanho ou maior : 81 lições do método Sueli Carneiro / Cidinha da Silva. – 1. ed. – Rio de Janeiro : Rosa dos Tempos, 2025.
  13,5 x 20,5 cm.

  ISBN 978-65-89828-47-1

  1. Carneiro, Sueli, 1950- – Crítica e interpretação. 2. Carneiro, Sueli, 1950- – Visão política e social. 3. Negras – Brasil – Condições sociais. 4. Negros – Identidade racial – Brasil. 5. Feminismo – Brasil. I. Título.

25-97808.0

CDD: 305.800981
CDU: 316.347(81)

Meri Gleice Rodrigues de Souza – Bibliotecária – CRB-7/6439

Todos os direitos reservados. É proibido reproduzir, armazenar ou transmitir partes deste livro, através de quaisquer meios, sem prévia autorização por escrito.

Este livro foi revisado segundo o Acordo Ortográfico da Língua Portuguesa de 1990.

Direitos desta edição adquiridos pela
EDITORA ROSA DOS TEMPOS
Um selo da
EDITORA RECORD LTDA.
Rua Argentina, 171 – 3º andar – São Cristóvão
Rio de Janeiro, RJ – 20921-380
Tel.: (21) 2585-2000.

Seja um leitor preferencial Record.
Cadastre-se no site www.record.com.br
e receba informações sobre
nossos lançamentos e nossas promoções.

Atendimento e venda direta ao leitor:
sac@record.com.br

Impresso no Brasil
2025

*Laroiê Exu!*
*Exu Agô!*
*Exu ê Mojubá!*

*Ogum Iê!*
*Patacori, Ogum!*
*Ogum Iê, Sueli Carneiro!*

"Lá na porteira eu deixei meu sentinela
Lá na porteira eu deixei meu sentinela
Eu deixei Elegbara tomando conta da cancela
Eu deixei seu Tranca-Rua tomando conta da cancela"
(Cancioneiro popular)


"O sino da igrejinha faz belemblemblau
O sino da igrejinha faz belemblemblau
Deu meia-noite
O galo já cantou
Seu Tranca-Rua que é o dono da gira
Corre gira que Ogum mandou"
(Cancioneiro popular)

"Ke kiki Alakorô
Ke kiki Alakorô
Oluaê tarã
Oluaê tarã"
(Canção de domínio público,
uma chamada de Ogum para Ogum,
que adora ser chamado)

"Da casa de Ogum
Xangô me guia"
(Laíla de todos os santos, Laíla de todos os sambas,
samba-enredo da Beija-Flor de Nilópolis, 2025)

"será a partilha que torna uma invenção em memória? será
o intento? (...) será que lembrar o inventado transforma
tudo em memória, transforma o vivido em mentira?
ou melhor, tá, recomeçando: sabe aquela hora confusa
em que a noite vai virando dia (ou é o dia que se vai,
virando noite)? e é tão difusa que até seu devagar chega
repente: 'lusco-fusco' rima com susto, reparou?"
(tatiana nascimento, trecho do romance *água de maré*)

Este livro é de três mulheres que já voltaram à massa primordial e vivem na nuvem da memória. Quando a saudade aperta, ela chove e nos revigora.

É de Solimar Carneiro, cujo apoio incondicional ao longo da vida ancorou a existência de Sueli Carneiro e do projeto de mundo viável que ela concebeu para a gente negra.

É de Luiza Bairros, a consistência de pensamento que desejei ter, o texto refinado que quis escrever, uma saudade difícil de descrever. É de Luiza, exemplo maior de quem fazia as pequenas e as grandes coisas com o máximo esmero.

É de Laura Cristina Ferreira, que se foi aos 55 anos, cedo demais, abatida por tudo o que o racismo produz para nos exterminar.

É também de seis outras mulheres, cujas existências e atuações intelectuais e políticas me provaram que eu era (sou) um projeto possível: Leda Maria Martins, Maria Nazareth Soares Fonseca, Lígia Fonseca Ferreira, Isildinha Baptista Nogueira, Ana Maria Gonçalves e Denise Ferreira da Silva. A elas, agradeço.

É de Valéria Maria Borges Teixeira, companheira de caminho, que conhece os movimentos da roda gigante (este livro) desde Belo Horizonte.

É de Luanda Carneiro Jacoel e de Natália de Sena Carneiro, continuidades de Sueli Carneiro.

É de Fernanda Bairros, continuidade de Luiza Bairros.

É de Débora Marçal, Amanda Regina Sá da Silva, Ana Carolina Mendes Silva e Nayara Maria da Silva, minha continuidade.

É, por fim, de Sueli Carneiro. Por ela, este livro existe.

# SUMÁRIO

PREFÁCIO: CAMINHAR ENTRE MANDINGAS E MEMÓRIAS
DE UMA APRENDIZ QUE É TAMBÉM MESTRA,
por Wanderson Flor do Nascimento .................................. 17

UMA BÚSSOLA ........................................................... 23

AVISO AOS NAVEGANTES:
MODELAGEM DO MÉTODO SUELI CARNEIRO
DE FORMAÇÃO POLÍTICA .......................................... 27

OS MOVIMENTOS ...................................................... 31

## MOVIMENTO I: LIÇÕES EXPRESSAS

1. Anote tudo, tenha caderno e tenha agenda ..................... 36
2. Atuar politicamente como um polvo, ter braços
   em todos os lugares .............................................. 38
3. Se salvarmos um, estamos no lucro ............................ 40
4. Vá, mate e volte ................................................. 41
5. Não blefe ........................................................ 44
6. Não (me) imite, seja você mesma. Construa seu lugar
   no mundo ......................................................... 47
7. Compartilhe seu sucesso. Nem todo mundo alcançará
   os lugares que você pode alcançar. Leve-os com você.... 49
8. Acredite no sonho das pessoas ................................. 51
9. Execute as tarefas com galhardia .............................. 54
10. É preciso produzir com excelência ............................ 57
11. Uma coisa é uma coisa, outra coisa é outra coisa ........... 59
12. Deslealdade é algo imperdoável, seja leal .................... 60
13. Cuidado com a volta da cabocla .............................. 62
14. Valorize seu passe, mas não minimize seus defeitos ...... 63
15. Carinho de jumento é coice .................................... 65

16. O mundo não está contra você ................................................ 68
17. Faça o que precisa ser feito .................................................... 70
18. Não chute cachorro morto ...................................................... 73
19. Invista nas pessoas, aposte. Não importa que elas
    deem errado ............................................................................. 74
20. Faça a leitura política de todas as coisas ............................ 75
21. Eu converso com o cacique .................................................... 77
22. Siga a líder .............................................................................. 79
23. Mais velha não tem opção, tem que dar certo ................... 80
24. Tudo certo entre nós .............................................................. 81
25. Conheça os clássicos negros e fortaleça-se ao recorrer
    a eles ......................................................................................... 83
26. Sempre tem complicação ........................................................ 86
27. Desenhe cenários. Teste-os .................................................... 88
28. Confie no seu taco, mas desconfie de suas certezas
    antes de dar a primeira tacada ............................................. 90
29. Não alimente ilusões ............................................................. 91
30. Saiba lidar com o peso da camisa ........................................ 93
31. Respeite e reverencie a estatura de uma pessoa ............... 95
32. Só bato em cachorro grande, do meu tamanho
    ou maior ................................................................................... 97
33. Não oriente apenas os negros ............................................... 99
34. A criatividade é o que nos salva na academia ................. 101
35. Para nós, as coisas demoram mais, o caminho
    é mais lento ........................................................................... 103
36. Reconhecimento é um negócio que demora muito
    para a gente ........................................................................... 105
37. A História é maior do que a gente .................................... 106
38. A gente não faz nada para a gente mesma, faz para
    os que virão ........................................................................... 108
39. Respeito é bom e nós gostamos ......................................... 110
40. Estamos dentro da barriga da besta .................................. 112
41. Vá e me traga muitas histórias .......................................... 113
42. Desfrute muito por todas nós que gostaríamos de
    estar aí contigo ..................................................................... 114

## MOVIMENTO II: PEDAGOGIA DO EXEMPLO

43. Amor à família .................................................................. 120
44. Mesmo as pessoas muito difíceis merecem uma chance.................................................................. 122
45. Pare de se definir como uma pessoa esforçada ............... 124
46. Ouça tudo, respeite todas as pessoas................................. 126
47. Cultive o silêncio .............................................................. 127
48. Não deixe de ajudar qualquer pessoa que te peça ajuda..................................................................... 129
49. Acolha com generosidade as pessoas que se sentem representadas por você ...................................................... 130
50. Seja estratégica.................................................................. 131
51. Observe, avalie se seu adversário ou inimigo acusou o golpe ............................................................................... 132
52. Evite a todo custo a exposição de suas deficiências e fragilidades aos adversários e inimigos ........................... 133
53. Compreenda qual é a sua função e a função das outras pessoas numa guerra .......................................................... 134
54. Compreenda que a luta tem etapas e, estrategicamente, as pessoas mudam de função, de estágio, de lugar. Em acordo com as necessidades da situação.................... 136
55. Cultive e explore o que as pessoas têm de melhor .......... 137
56. Se uma ação resulta em ganhos, vitórias ou louvores, a conquista é da pessoa liderada, responsável pelo ato. Se houver falha, derrota ou fracasso, a responsabilidade é da liderança maior .............................................................. 138
57. Respeite os limites das pessoas............................................ 139
58. Seja flexível, mas não se dobre. Não se curve................... 141
59. Não tema o brilho de ninguém ......................................... 142
60. Na luta política, as pessoas e as relações devem ser testadas em diferentes situações ........................................ 144
61. Onde come um, comem dois .............................................. 145
62. Seja generosa ..................................................................... 148
63. Tenha curiosidade pelo novo ............................................ 150

## MOVIMENTO III: LIÇÕES DO TEMPO ESPIRALAR

64. Compreenda seu orixá e exercite sua natureza .............. 154
65. Centralismo democrático enterreirado ......................... 155
66. Dê corda e avalie os resultados .................................. 157
67. Não se ache mais importante do que você realmente é .. 159
68. Não insufle os ciúmes dos outros ............................... 160
69. Sobrevive ao racismo quem consegue
    se antecipar a ele ...................................................... 161
70. Saiba reconhecer o melhor que uma pessoa te oferece
    e cultive isso, mesmo não sendo o que você quer,
    espera ou precisa ...................................................... 165
71. A fúria é banta ......................................................... 167
72. Não abra espaço com os cotovelos .............................. 169
73. No fim das contas, é tudo no seu nome ....................... 171
74. Saiba agradecer ........................................................ 174
75. Os encaminhamentos e as decisões das mais velhas
    podem ter fundamentos que você não alcança .............. 176
76. Simples assim! ......................................................... 178
77. Tudo muda, até Sueli Carneiro .................................. 180
78. Evite tornar-se uma versão de Pepino, o Breve ............. 181
79. Mesmo chegando a general, é preciso manter-se
    soldado .................................................................... 182
80. Receba o que a vida te oferece como dádiva .................. 183
81. Nenhuma guerra deve endurecer nosso coração ........... 185

IÊ! MENINA, QUEM FOI SUA MESTRA? .................................. 187
EU NÃO ENCERRARIA ESTE LIVRO ANTES DE DIZER
    OUTRO ORIKI DE SUELI CARNEIRO ................................ 193
ESTE LIVRO EM LIÇÕES-SÍNTESE ......................................... 195
POSFÁCIO: DA CASA DE OGUM, XANGÔ ME GUIA OU
    SOBRE BORBOLETAS AZUIS E VERMELHO-BRANCAS,
    por Eduardo Oliveira ......................................................... 197

AGRADECIMENTOS ............................................................... 205

# PREFÁCIO:
## CAMINHAR ENTRE MANDINGAS E MEMÓRIAS DE UMA APRENDIZ QUE É TAMBÉM MESTRA

ESTE É UM livro que, além de falar sobre e entre caminhos, nos convida a mergulhar em águas que nos contam sobre as potências dos encontros, sobre amor e modos de amar, sobre lutas. Mandingueira nas palavras, Cidinha da Silva nos apresenta algumas das facetas de seu encontro com Sueli Carneiro, nos conduzindo por um conjunto de sendas que nos encantam – ainda mais – tanto por Sueli como por sua aprendiz Cidinha, tecelã de vivências imaginadas, pensadas e impressas no tecido do texto.

O que Cidinha da Silva, sagazmente, denominou Método Sueli Carneiro (Método SC) é um olhar sobre Sueli, sobre si mesma e sobre os caminhos que ambas trilham e trilharam, juntas e individualmente, nas lutas, nos encontros, na vida. Etimologicamente, *método* deriva de duas palavras gregas (*metá* e *hodós*), significando *seguir um caminho* ou *buscar através de um caminho*.

No contexto de *Só bato em cachorro grande, do meu tamanho ou maior*, o método não é, então, apenas um *como* realizar tarefas na luta política (e se formar para isso), mas também os caminhos a serem buscados e seguidos para que aquilo que seja necessário realizar seja feito. Os caminhos são domínios de dois orixás caros a Sueli Carneiro e à percepção que Cidinha tem do Método

SC: Exu e Ogum. Nos candomblés, esses dois orixás são irmãos e responsáveis por abrirem, expandirem, vigiarem e se encarregarem de que o caminho não seja apenas um lugar, mas um jeito de estar no mundo.

Para esses dois orixás – e para nossas Sueli e Cidinha –, o caminho não é estático, não é apenas um espaço por onde se passa, mas é também o próprio caminhar. É se movendo, lutando, se mobilizando que a jornada acontece. Não há caminho se a caminhante estiver imóvel, somente olhando o que acontece. Com seu facão, Ogum abre os caminhos caminhando, movimentando a si mesmo, seu facão e tudo que esteja diante e ao redor de si. Exu, por sua vez, movimenta os caminhos formando as encruzilhadas e colocando diante de quem caminha possibilidades múltiplas de caminhar. Exu inventa caminhares e, com isso, os caminhos nunca são os mesmos.

Por essa razão, o Método SC não é uma fórmula pronta, mas um conjunto de *histórias de caminhagens*, a partir das quais tanto Sueli quanto quem ela forma estão em constante movimento, em luta. Abrindo sendas, multiplicando as possibilidades e as formas de caminhar, Ogum, Exu, Sueli e Cidinha nos lembram que não caminhamos solitariamente. Ainda que pensemos que estamos sós, tanto o facão, a terra ou a própria estrada são sempre companheiros de viagem para quem se move. E embora pareçam solitários, Ogum e Exu estão sempre em outras companhias, fazendo do caminhar um gesto coletivo, comunitário, mesmo que nem sempre estejamos no mesmo ponto do caminho.

É coletivamente que se encanta a terra, tornando-a uma estrada, um caminho. Um caminho só é digno desse nome se *outras pessoas* puderem se mover nele, por ele, para ele. Por isso, o caminhar tende a ser generoso. Nele, os encontros – sempre plurais, nem sempre pacíficos – juntam, cuidadosamente, gentes nas jornadas e lutas. No caminho, o caminhar faz as e os caminhantes serem como são e estarem em constante mudança, deslocamento.

Neste caminho/caminhar descrito por Cidinha, vemos um Método SC que é atravessado pelo amor. Não o amor meramente sentimental, um bem-querer; mas um conjunto de gestos que comportam um desejo de crescimento de todas as pessoas envolvidas, ainda que isso possa parecer duro ou impositivo. Esse amor é também associado ao orixá Ogum. Em uma de suas cantigas, que tem uma das versões trazidas por Cidinha como epígrafe do livro, essa dimensão aparece. Na versão que conheço, com a grafia iorubá nigeriana, a cantiga diz o seguinte:

> Ké kìkì alákòró
> Ké kìkì alákòró
> Olúàiyé
> Ìfẹ́ Ògún
> Àkòró Oníré/ Àkòró má jẹ bẹ
> Olúàiyé ìtànná

Essa cantiga pode ser traduzida da seguinte forma "Grite somente pelo senhor da coroa de guerreiro (*alákòró*); grite somente pelo senhor da coroa de guerreiro; o amor de Ogum lidera o mundo; a coroa de guerreiro do senhor de Irê/[quem carrega] a coroa de guerreiro não é apressado; o brilho do fogo lidera o mundo".

O objetivo aqui não é fazer uma interpretação completa dessa cantiga, mas fazer notar esse caráter "amoroso" de Ogum, que não se dissocia de seu caráter guerreiro, beligerante. Para o modo de ser desse orixá, não há incompatibilidade entre lutar, liderar e amar. A dureza do orixá da guerra e da tecnologia é também transferida para o seu amor. Um amor que cuida, mas não deixa de ser exigente, rigoroso, bélico.

Assim, o amor de Ogum (*Ifẹ́ Ògún*) comporta o conflito, comporta as tensões... mas não tem interesse em diminuir a quem ama. É um amor que guerreia com a pessoa amada para fortalecê-la, torná-la mais apta a enfrentar quem não tem por ela qualquer tipo de amor, por quem se apresenta a ela como inimigo. Esse modo de amar pode até assustar a pessoa amada, em um primeiro momento, mas apenas até que ela entenda a natureza generosa e formativa desse amor guerreiro.

Cidinha percebe esse modo de amar no Método SC e, sem abandonar o amor guerreiro, cresce com ele. Nesse ponto, traz uma leitura muito potente de uma experiência que, normalmente, é manobrada para desqualificar as mulheres negras: o estereótipo da negra raivosa, furiosa. Diferentemente da descrição racista e machista da fúria como uma marca do descontrole, a raiva, a fúria aparece como um componente combativo/formativo que alimenta a coragem para fazer o que precisa ser feito nessa luta incessante que ronda a vida das pessoas negras, em especial as mulheres.

Nesse cenário em que é imperativo *fazer o que precisa ser feito*, temos a possibilidade de perceber as potências dos encontros entre duas filhas de orixás irascíveis: Ogum, orixá de Sueli, e Xangô, o orixá de Cidinha. Assim como tais orixás, suas filhas estão, nesse encontro, colocadas, colocam-se a si mesmas, no cenário da luta contra o racismo, contra as formas de desigualdade que nos rondam. É comum, nas narrativas iorubás, encontrarmos divergências entre os dois orixás. Entretanto, há um *em comum* entre ambos: a busca pela justiça. Cada um, a seu modo, luta pela justiça. Na percepção de Cidinha da Silva sobre o Método SC e sobre as formas de ser e lutar de Sueli Carneiro, temos a oportunidade de observar um *reviver* dos modos como seus orixás caminham na busca de um mundo mais justo.

Na *mandinga em palavras* de Cidinha, não encontramos apenas uma descrição daquilo que ela entende ser o modo de lutar e formar indicado pela atuação de Sueli: afinal, a mandinga não é um relato. O que aqui temos é uma criação, uma transformação a partir dos elementos fornecidos por Sueli e percebida, em sua própria forma de ser, por Cidinha. Toda mandinga boa é aquela que pega aquilo que nos é dado e, com a potência ancestral, faz coisas outras... e, se der certo, melhores.

Neste livro mandingado, temos um convite para seguir um outro retrato de Sueli Carneiro, pelas lentes de sua *discípula-também-mestra*, Cidinha da Silva, retrato este que não se propõe a ser uma exposição daquilo que faz Sueli, mas daquilo que marcou a vida da própria Cidinha em seu encontro com nossa Mestra Ogúnica, *Senhora do Fogo Azul*, nas palavras de nossa autora. Temos muito a aprender com esse encontro tecido por memórias, afetos e estratégias. Se nos abrirmos às potências de Exu, o senhor das palavras, de Ogum, o senhor das guerras e da tecnologia, e de Xangô, o senhor da justiça, os caminhos apresentados por Cidinha nos brindarão com um potente presente que pode nos ajudar a seguir traçando outros caminhares, com lutas melhores que nos fortaleçam mais.

Boa leitura!

*Wanderson Flor do Nascimento,*
*Tata Nkosi Nambá,*
*professor de filosofias africanas*
*da Universidade de Brasília*

# UMA BÚSSOLA

ESTE *CACHORRO GRANDE* é uma declaração pública de amor a Sueli Carneiro. Nele, realizei uma leitura detida e sistematizada de sua generosidade ao me acolher, abrir portas e proteger as minhas costas para me tornar quem sou; também é sobre sua atitude constante de ser forja e seta para almas perdidas, desterritorializadas ou destroçadas, como fui um dia.

A ideia do Método Sueli Carneiro (Método SC) surgiu durante a leitura da biografia de Tim Maia, quando me deparei com o "Método TM", cunhado pelo biógrafo. Tim, como todos sabemos, tinha cabeça e vida anárquicas e libertárias. Seu método, por suposto, não era formal, também não o é este Método SC, fruto da minha interpretação da maneira peculiar de Sueli ensinar, transmitir conhecimentos e de orientar para a atuação política.

O Método SC, portanto, inspirado no Método TM, se exime de rigores científicos e outros atributos dos métodos de pesquisa. É fruto da errância de uma memória específica, minha "ilha de edição" (ideia de Wally Salomão). A manufatura deste Método é arte de Exu, é exuzilhamento que não cabe em moldes, em procedimentos padronizados e replicáveis.

Em 2014 escrevi uma crônica sobre a relação de aprendizado e também de gratidão a Sueli no livro *Baú de miudezas, sol e chuva*.* Naquela oportunidade, discorri pela primeira vez, em público, sobre o Método SC. Ela gostou do texto, "eu sou aquilo ali mesmo", ajuizou. Me animei, afinal, eu a conhecia.

Este livro foi escrito porque a conheço bem, como poucas pessoas. Nele, travo um diálogo direto com Sueli quando reproduzo suas falas, que não são alegóricas, tampouco pertencem a uma personagem, uma criatura da autora. Espero que durante a leitura de cada citação ela se encontre e possa dizer: "Olha, eu disse isso mesmo" ou "Eu diria aquilo, me reconheço, há um jeito meu de pensar e agir presente nessas palavras." As minhas interpretações, divagações, reflexões e sentimentos são outros quinhentos e constituem a base da minha narrativa.

O Método SC continuou orbitando minha cabeça e, em 2019, recebi um convite da querida Ana Maria Gonçalves para participar de um projeto e resolvi exercitá-lo. Durante o primeiro movimento, sem descansar a caneta, elenquei 25 lições. Fiquei otimista. Apresentei a ideia à Ana, que achou interessante e me incentivou a desenvolvê-la. O projeto estacionou, a ideia, entretanto, seguiu fermentando. Passei a refletir sobre as lições e a anotá-las à medida que se desenhavam. Eram anotações esparsas em meio aos trabalhos diários. Em 2022, abri um caderno específico para abrigar as lições do Método SC.

---

* Cidinha da Silva, *Baú de miudezas, sol e chuva*. Belo Horizonte: Mazza Edições, 2014.

Com a ideia do livro amadurecida, uma amiga da vida inteira discutiu comigo os primeiros indicadores de caminho, assaz preocupada em não "desagradar" à Sueli. Ela me perguntou meio milhão de vezes se mostraria o texto a esta antes de publicá-lo. Respondi com nãos rotundos. Não submeteria meu texto à aprovação de Sueli. Estava consciente de que ela não gostaria da totalidade e ficaria feliz se gostasse de, pelo menos, oitenta por cento. Será?

Desde os primeiros tempos de convívio, eu e Sueli tivemos posições divergentes quanto ao encaminhamento político de várias questões. Na maioria das vezes, fui voto vencido em Geledés – Instituto da Mulher Negra –, organização política cofundada por ela em 1988, na qual permaneci de 1991 a 2004. Contudo, no meu trabalho literário, intelectual e político autônomo, mando eu e me responsabilizo pelas minhas escolhas. Arco com todas as responsabilidades (às vezes, estragos) decorrentes.

Decidi construir o livro recorrendo apenas à memória, desisti de reler textos, assistir a vídeos e entrevistas com a finalidade de compor a escrita; todavia, nos eventos presenciais, passei a anotar subsídios para o Método SC. Avisei a ela enquanto o fazia, porque não queria repetir o gesto do pessoal que registra brochuras universitárias completas durante conversas privadas conosco, expropria nosso pensamento e omite a fonte. Rimos, e ela silenciou, esperando detalhes. Não falei nada, apenas mencionei a procura de tempo qualitativo para escrever. Ela nada perguntou.

Optei por não pesquisar a vida de Sueli, por não entrevistar pessoas, tanto por não dispor de tempo para esse tipo de coleta quanto por eu ter muito a dizer sobre ela e querer fazê-lo, passando em revista nossos quase quarenta anos de trocas e aprendizados. Haverá, portanto, muito de mim nas páginas deste *Cachorro grande*, minha leitura sobre o jeito personalíssimo de Sueli ensinar e oferecer formação política, e como isso me modelou, como me transformei num testemunho pulsante da performance sueliana, um farol na tempestade.

O caminho está aberto para outras pessoas que desejem continuar o Método SC, refazê-lo ou elaborar outro, menos alegórico e mais formal. Meu papel era o de dar início e fiz o que precisava ser feito – lição sobre a qual me deterei logo nas primeiras páginas.

A matéria deste *Cachorro grande* é feita do que sou, e o que sou é resultado do que aprendi com Sueli Carneiro. Houve ensinamentos desperdiçados, outros, decorridos quase quarenta anos, compreendi que se originaram da convivência com ela.

Aprendi com Exu e com os quatro estágios de digestão dos ruminantes que a gente devora as coisas do mundo, procura "compostá-las" para depois devolvê-las ao mundo. O resultado dessa compostagem – ideia copiada da poeta Angélica Freitas – é a terra adubada e oxigenada pelas lições de amor e política recebidas de Sueli Carneiro e que restituo ao mundo como declaração pública de amor e agradecimento, nesse inventário da vida que construímos juntas.

*Cidinha da Silva,*
*março de 2025*

## AVISO AOS NAVEGANTES:
## MODELAGEM DO MÉTODO SUELI CARNEIRO
## DE FORMAÇÃO POLÍTICA

DESPENDI OS ANOS de 2023 e 2024 buscando o tempo ideal para a escrita deste livro e, nesse ínterim, desenvolvi a planta baixa da publicação e esbocei uma metodologia para desenvolver cada lição.

O Método SC é uma alegoria para representar a maneira única de Sueli formar seres político-pensantes, filtrada por mim, por minhas reflexões, interpretações e atravessamentos. Trata-se do meu caderno de memórias da longa convivência com Sueli Carneiro. Espero que seja útil para as pessoas em processos formativos diversos, mas não busco por isso. Elas é que dirão se serve ou não para elas. O meu barato foi produzir o registro e colocá-lo no mundo. Ele fará seu próprio caminho.

As lições do Método SC ao longo das décadas fizeram sentido para mim, definiram a minha vida, e julguei que valeria a pena compartilhar esses aprendizados com o mundo, avaliei que poderiam também fazer sentido para as pessoas e, principalmente, dar a conhecer dimensões importantes da persona Sueli Carneiro. Imagino que pessoas da minha geração, um pouco mais novas e outras um tanto mais velhas, se reconheçam em muitas coisas, também pessoas negras educadas por outras de mais de cinquenta anos concordarão. Digo isso porque existem princípios e fundamentos no livro que estruturaram processos educativos de variadas famílias negras.

Alcancei quase noventa lições do Método SC que, cotejadas, resultaram nessas oitenta e uma, redigidas plenamente no mês de janeiro e nos dez primeiros dias de fevereiro de 2025.

Excluí uma lição ou outra, por exemplo, a de "Não sair menor dos lugares nos quais se entra", não por estar imune ao tema, apenas porque quis me debruçar sobre outros assuntos.

Ainda outro exemplo de lição suprimida: "É feio falar e ir embora, prestigie as demais participantes." Sueli me instruiu a esse respeito em um encontro de militantes negras no contexto preparatório da III Conferência Mundial Contra o Racismo, no Rio de Janeiro, em 2000. Fiquei calada – nossa relação, vocês verão, é marcada por silêncios emblemáticos –, segui firme no propósito de subir para o quarto do hotel e descansar após cumprir minha tarefa naquela ocasião. Eu passava por um problema de saúde e sentia dores intermitentes, intensificadas à noite; como resultado, havia meses dormia mal, sem pausar o trabalho e as viagens, desobedecendo exigências para uma boa recuperação. Essa lição também não me sensibilizou.

Um marco importante de 2023 atingiu o livro em cheio: a entrevista de Sueli no *podcast Mano a Mano*, do rapper Mano Brown. Fiquei chocada frente ao desconhecimento de muita gente sobre Sueli. A forma como enquadrou seu entrevistador em certos tópicos, cujo posicionamento político ela considerou equivocado ou tolo, surpreendeu demais a audiência. Apenas quem não conhece Sueli se chocaria, e, sim, uma parcela imensa dos que assistiam ao programa não a conhecia. Ela passou a ser quase penhorada como "a mulher que enquadrou o Brown". Aquilo sacudiu a noção de tempo alargado para a feitura do livro e o projeto se tornou urgente.

A montagem de uma certa cronologia das lições buscando ordená-las por entrada/incorporação/assimilação na minha vida objetivou compor uma narrativa de amadurecimento, principalmente do processo direto de orientação política, no qual Sueli entregava o doce à medida que eu crescia e minhas responsabilidades em Geledés aumentavam. Talvez, não! Quem sabe esse é o rememorar da maturação dos aprendizados nesse exercício de construção do livro? O certo é que procurei acomodar os temas e seu desenvolvimento em listas que facilitassem a leitura.

Durante a feitura do livro, escutei reiteradas vezes a canção "Maçalê", do querido Tiganá Santana. O verso final conclama *O que teu nome diz: Ogum Iê*. Tão logo finda a expressão "Iê", o trovador repete o vocativo "ê" por três vezes e faz um espaço de silêncio entre uma e outra chamada.

Certa vez compartilhei com Tiganá minha sensação de que aquele era o silêncio de Ogum me oferendando o tempo da compreensão. Ogum, que é muito ágil, ali, fazia silêncio por meio da respiração do cantor, para me conceder o tempo do entendimento ao evocá-lo.

O título de cada lição envolveu um trabalho grandioso de síntese, foram dez anos para chegar a cada um deles; as histórias contadas são apenas ilustrativas, o dendê está concentrado no título das lições.

Embora muitas histórias elucidativas de cada tópico tenham saltado da cabeça, nem todas eu selecionei para este livro de ensaios com veleidades literárias, no qual os silêncios, omissões e intertextos são tão importantes quanto as palavras escolhidas para narrar.

Enfim, há aqui, no campo da produção intelectual sobre o ativismo político no Brasil, uma tentativa de lançar o olhar crítico e sistematizador de uma discípula do método de formação política de sua mestra. Para tanto, construí uma alegoria em tempo espiralar – ideia de Leda Maria Martins – para reunir parte do que aprendi com Sueli, disponibilizando esse conhecimento ao mundo, na esperança de que seja útil, além de ser um trabalho que eu precisava fazer e oferendar a ela, pelos motivos todos já expressos até aqui.

## OS MOVIMENTOS

O MOVIMENTO I contempla lições expressas, apontamentos, conselhos, correções de rota vocalizadas por Sueli e registradas pelo filtro da minha memória.

Esse Movimento me pregou uma peça exúnica, porque, a princípio, o imaginei mais curto. Pensava ter recebido poucas orientações diretas ao longo de nossa trajetória de treze anos de trabalho conjunto em Geledés, além de outras duas décadas de convivência, considerando os anos prévios da minha mudança de Belo Horizonte para São Paulo e os anos posteriores à saída de Geledés. Errei, pois as lições diretas abundaram e contabilizaram quarenta e dois tópicos.

No Movimento II, outro erro de cálculo, julguei que seria o maior de todos. Ali reuni vinte e uma lições aprendidas pelo exemplo, baseadas na maneira pela qual Sueli vivia ou encaminhava questões rotineiras e temas densos.

O derradeiro Movimento III, de dezoito lições, é o do tempo espiralar dos aprendizados. Chegada a maturidade, entendi sua origem no Método SC.

A narrativa tem variadas pulsações simultâneas, às vezes sobrepostas: ações cinematográficas, sonho, poesia, historicidade, reflexões políticas densas traduzidas em linguagem simples; dicas de sobrevivência na selva de pedra; lições de absorção imediata, outras de amadurecimento lento, sínteses com pretensões filosóficas, ritmo novelesco para entreter meu público e guinadas fortes para a autoajuda de um velho coração amolecido pelo tempo. Tudo junto e misturado.

# MOVIMENTO I
## LIÇÕES EXPRESSAS

"Mulheres resolutivas, mulheres em expansão,
não têm tempo para serem perfeitas."
(Iyá Gleide Davis, sobre Iansã e Obá)

"Perfeição é o nome de um Deus que
a gente põe pra morar na nossa falha."
(tatiana nascimento)

ENQUANTO LISTAVA AS lições, concebi poucos conselhos expressos; nutri a sensação de que o grande aprendizado com Sueli teria se dado pela observação de sua conduta exemplar. Doce engano. A objetividade prevaleceu: a perspectiva ogúnica de ir à frente, liderando, preparando o terreno. Ogum é um rei trabalhador, e Sueli, na condição de filha desse rei, é, em essência, uma trabalhadora incansável.

# 1. ANOTE TUDO, TENHA CADERNO E TENHA AGENDA

ESTA PRIMEIRA LIÇÃO dirigiu-se aos meninos e meninas do Projeto Rappers, durante as discussões preliminares de sua constituição. Era início dos anos 1990 e, além do indefectível boné na cabeça e *pager* na cintura, a moçada passou a ter um caderno, presente do almoxarifado de Geledés. As mochilas, provavelmente, eram um componente estilístico caro, forçando vários deles a carregar o caderno nas mãos, talvez entendido como elemento de orgulho e pertencimento.

Nesses momentos, minha participação era vetada, pois, à época, integrava outro programa na instituição, mas acompanhava o desenrolar do projeto do lado de fora da sala por meio de conversas e, por um retângulo de vidro na porta de madeira, deitava um olhar frustrado e curioso ao que se passava lá dentro. Em algum momento, Sueli bradou: "Ninguém anota nada? Como é que vocês vão se lembrar das tarefas e deliberações? O negócio é sério. Tratem de anotar o que foi discutido e coloquem os compromissos na agenda."

Não sei se o pessoal usava agenda ali, mas um caderno todo mundo passou a ter. Hoje, me pergunto: jovens negros, pobres e moradores de locais de forte atuação de grupos de extermínio na cidade de São Paulo teriam assunto para colocar na agenda? Quais os acordos, contatos, articulações? Até eu, organizadinha e originária de uma realidade menos dura, devo ter tido a primeira agenda só na universidade, em 1985. A minha quarta agenda, de 1988, foi editada pelo Coletivo de Mulheres Negras do Conselho da Condição Feminina, onde se juntavam as fundadoras de Geledés.

Naquela época, falava-se em "troca de informações" no Movimento Hip Hop, e o pessoal conversava, conversava, conversava, compartilhava sonhos, projetos de conquistas e sucesso, impressões do cotidiano violento que os cercava, contavam-se histórias fantasiosas, conjurava-se o futuro. Parte significativa daquilo se transformava em letras de rap.

O caderno proposto por Sueli alimentava um simbolismo importante, não se restringia a ser um mero local de registro de conteúdo e tarefas das reuniões. O caderno configurava uma ferramenta de reapropriação do conhecimento pelos jovens que, até aquele momento, haviam abandonado a escola, instituição que torna acidentada a vida de adolescentes negros, os expulsando dela sem qualquer cerimônia.

Fazer as pazes com o caderno poderia significar voltar à escola para concluir o ensino fundamental, cursar o ensino médio e, quem sabe?, pleitear uma vaga na universidade.

Indo além, a exortação de Sueli convocava aquele grupo a uma posição ativa frente ao conhecimento, a uma seleção crítica de informações que então seriam anotadas, diferentemente da simples cópia de matéria escrita na lousa durante as aulas na escola.

## 2. ATUAR POLITICAMENTE COMO UM POLVO, TER BRAÇOS EM TODOS OS LUGARES

EU ESTAVA SURPRESA com a atitude de Geledés, pois num final de semana as equipes se desdobravam em eventos significativos e simultâneos. Sueli definia as funções e o que cada pessoa deveria fazer. Encantada, perguntei o porquê de estarmos em tantos espaços ao mesmo tempo e Sueli respondeu: "Atuação de polvo, Cidinha. O polvo, com aquele monte de bracinhos, sabe? Pois é, precisamos ter braços em todos os lados, ocupar os espaços." Ela imitava os braços do polvo com seus dedos finos, elegantes, cheios de anéis. E gargalhava.

Um polvo, nós deveríamos ser um polvo. Geledés deveria se materializar em todos os cantos, ocupar a política por meio de múltiplos braços: do apoio às organizações de base comunitária aos trâmites internacionais; das escolas de ensino básico às universidades, públicas e privadas. Deveríamos estar presentes nas manifestações públicas do Vinte de Novembro, do Oito de Março, contra a violência policial, contra a esterilização de mulheres negras e a matança da juventude negra. Tínhamos de dialogar com os movimentos sociais e com as ONGs (quase todas brancas, naquele momento), também com o movimento feminista e com o movimento de mulheres, e, obviamente, com o movimento de mulheres negras; com a juventude, a imprensa falada, escrita, televisiva. Éramos orientadas a suprir todas as lacunas com a perspectiva de Geledés.

Por meio de sua atuação inédita como um polvo, a organização inspirou a criação de tantas outras similares país afora, a exemplo do IMENA (Instituto de Mulheres Negras do Amapá).

Mais tarde, aproveitei esta lição em outra seara. Na condução dos dez primeiros anos da minha carreira literária, atuei como um polvo buscando boas águas.

# 3. SE SALVARMOS UM, ESTAMOS NO LUCRO

O ROSTO DE Sueli era grave, concentrado; a mim escapava a sensação de mergulho intenso a cada exclamação dela: "Se salvar um, estamos no lucro."

O tema era recorrente nos anos 1990, o extermínio da população negra, notadamente da juventude. A conspiração contra a nossa vida era diuturna, o racismo movendo a roda do massacre, em todas as estruturas sociais, nas instituições, nos relacionamentos interpessoais. Desse modo, quando nossos projetos, ideias e ações ainda não resultavam em políticas públicas, se "salvássemos um", sairíamos lucrando, nos animava Sueli.

Se o primeiro aspecto desta lição se relacionava à magnitude do alcance da problemática racial e seu potencial letal, o segundo, tão importante quanto, inventariava o valor da vida humana por ela mesma. Em outras palavras, às vezes nossa ação naufragava ou apresentava resultados insatisfatórios e, então, o abatimento acontecia. Sueli impedia que desanimássemos nesses momentos, porque uma vida, ela nos lembrava, possuía o mesmo valor de cem vidas, portanto, "se salvássemos um, estaríamos no lucro".

# 4. VÁ, MATE E VOLTE

SAÍAMOS DE GELEDÉS para um cumprir uma missão e Sueli vaticinava: "Vá, mate e volte." Se sentíamos medo ou insegurança, o outro nome dessa expressão era "confio em você". Não havia o preâmbulo de "Você é capaz, você dá conta", palavras singelas, pouco características da mística sueliana.

Sua marca era dizer "Vá", em livre tradução: faça o que precisa ser feito; se sentir medo, enfrente, vá, o importante é lutar uma luta justa e digna.

"Mate" era sinônimo de cumpra, execute sua incumbência, realize seu trabalho.

"Volte" era uma forma verbal de significados variados: primeiro, instigava a vitória, a não sucumbência. Vencida a batalha, traga a vitória para casa, me conte sua história vencedora, estarei aqui, aguardando por você. Essa era a parte gloriosa, ela nos esperava para ouvir sobre nosso triunfo e sorrir, celebrá-lo mais do que a gente. Nós, protegidas pela ingenuidade, ignorávamos a complexidade de articulações aparentemente simples. Voltar era também expressão de nosso significado para ela, para o projeto político de Geledés. Ela nos exortava a não nos perdermos pelo caminho, a retomar o caminho de casa.

E se sofrêssemos agravos e derrotas lá fora, voltar implicava receber as devidas correções e orientações, às vezes excessivamente duras, outras, pacientes e compreensivas, a depender da gravidade da batalha e do nível de implicações de um revés ou mau desempenho. Acima de tudo, a reação sueliana correspondia à nossa dedicação demonstrada na solução do problema.

Voltar era tranquilo (a despeito do resultado) se tivéssemos entregado o corpo e o espírito à luta. Um erro qualquer, mesmo que básico, seria debatido, desculpado e corrigido, porém, a covardia era indesculpável. Ai de nós se voltássemos e tivéssemos nos acovardado.

A covardia é algo desprezível na cartilha de Sueli, assim como a coragem é uma das virtudes humanas mais admiráveis. Certa ocasião, em Genebra, um militante negro brasileiro da geração de Sueli ridicularizou outro, mais jovem, que tinha adiantado sua partida de nossa rodada de reuniões preparatórias para a III Conferência Mundial Contra o Racismo para encontrar a filha de cinco anos, adoentada, que chamava por ele no Brasil. O velho militante, acostumado a ter uma mulher que desse conta de filhos e de problemas domésticos enquanto ele fazia a grande política na rua, tratava aquilo como uma questão insignificante (uma incumbência das mulheres, certamente), hostilizando o rapaz. Percebendo que parte do grupo tenderia a imitá-lo, tomei a palavra e liberei o jovem militante: "Vá embora, volte para casa e cuide da sua filha. Cuidar dela é tão importante quanto estar aqui. Vá em paz."

Fez-se um silêncio geral. Obviamente, eu não me imporia numa situação delicada como aquela se não tivesse a retaguarda de Geledés. Eu sabia o peso da camisa gelediana (lição que vocês conhecerão melhor daqui a pouco), e Sueli me protegeria se eu agisse da maneira correta, se fizesse o que precisava ser feito (outra lição que veremos logo). Naquele caso, o certo era confrontar o velho militante e suas prerrogativas machistas sobre cuidados e responsabilidades requeridos para a manutenção de uma família. A atitude que tomei estava contida no verbo "matar", ou seja, atuei com correção e efetividade impelida pela coragem.

# 5. NÃO BLEFE

ALGUMAS LIÇÕES DE Sueli eram curtas e grossas, sem espaço para conversa. Eram o que eram, nós que tratássemos de aprender e implementar. Sem choro nem vela.

Aprendi isso depois de ter participado de uma reunião de organizações do Movimento Negro de São Paulo, na qual os blefes, tão comuns na política, me impactaram, embora os tivesse percebido facilmente, a despeito da juventude e do desconhecimento dos códigos da cidade.

No retorno a Geledés, relatei minhas percepções para Sueli, e seu veredito foi simples e seco: "Não blefe, esse é um caminho rápido para dar errado na política. O blefe tem sido uma tática usada pelos homens, sem resultados, mas eles se enganam e acham que driblam uns aos outros. Não blefe, política séria não se faz à base de blefe."

Chegamos à quinta lição do Método SC e ainda não falamos sobre os testes, sobre a prática exaustiva, diuturna e impiedosa de Sueli de colocar em situação de teste as pessoas nas quais confiava, ainda que sob a justificativa de que "as pessoas precisam de oportunidades para demonstrar sua envergadura".

Recebi a quinta lição em 1991 e fui testada dez anos depois, para ver se havia aprendido. Eu trabalhava demais, chegando a três turnos em três ou quatro dias da semana.

Num desses dias de três turnos, fui designada por Sueli para representar a organização em um debate importante com um sujeito, seu arqui-inimigo. A mediação seria feita por um professor da USP (Universidade de São Paulo), decente e profissional, aliado na luta por Direitos Humanos.

Sueli previa que, diante do professor, o fulano se comportaria. Deu ruim. Ele foi grosseiro comigo e tentou me desestabilizar o quanto pôde. Normal, era comum transferirem o ódio e o despeito de Sueli para mim, mas a coisa foi tão absurda que o homem dava joelhadas no tampo da mesa de baixo para cima, enquanto eu falava. O professor, por sua vez, percebeu e se manteve alheio à situação.

Se eu estivesse menos cansada, teria reagido, possivelmente teria exposto o colega, perguntando se ele passava por algum problema ou incômodo que eu pudesse ajudá-lo para que parasse de espancar a mesa.

No dia seguinte, ao me reunir com Sueli, ela me encheu de perguntas sobre o debate e os temas sensíveis a respeito dos quais eu teria defendido a posição política de Geledés. Contei sobre a noite desagradável e carreguei de tintas descritivas o descontrole do colega de mesa, também a placidez do professor, comodamente sentado em cima do muro.

Sueli se sentia pessoalmente atingida se alguém que a representava era maltratada e reagia, tomando nossas dores. Determinada a me provar que estava comigo e era por mim, telefonou para o professor, cumprimentou-o e foi direto ao assunto: "Fulano, eu estou com a Cidinha aqui na minha frente" – e olhava dentro dos meus olhos, ameaçadora, como que dizendo "se você tiver mentido, eu te mato" – e ela disse tais e tais coisas do outro debatedor e falou que você não fez nada. Não foi esse o combinado."

O professor tartamudeou do outro lado, não contestou minha narrativa e advogou apenas que o sujeito era sinestésico ao extremo, manifestava dificuldade de ficar quieto. Sueli simulou concordância e recomendou que de outra vez ele cumprisse o combinado, porque ela não soltava gente dela no mato sem cachorro.

# 6. NÃO (ME) IMITE, SEJA VOCÊ MESMA. CONSTRUA SEU LUGAR NO MUNDO

ESTA LIÇÃO DEVE ser dividida com a querida e saudosa Fátima Oliveira. Era sábado, meio da tarde, e Sueli me mandou "substituí-la" em um debate no antigo Centro da Memória e do Viver Afro-Brasileiro, na estação Jabaquara de metrô. Fui a contragosto. Eu me animaria se, pelo menos, aquela fosse uma "tarefa grande", pois no sábado à tarde me apetecia cuidar da minha vida pessoal. Ocorre que, para Sueli, não existia tarefa pequena destinada a pessoas em formação, tudo se revestia de importância.

Geledés era uma organização de *formação de quadros*, em contraposição às organizações de *mobilização de massas*. Um quadro se formava no exercício das diminutas e das grandes empreitadas. Ademais, tudo e todas as pessoas deveriam ser tratadas com respeito e seriedade. Entendi com o passar do tempo.

Contrariada e desdenhando do evento, não me preparei para ele. Peguei um documento da organização, o *Caderno Geledés 1*, coloquei-o na bolsa disposta a basear minha exposição nas ideias de Sueli contidas na publicação. Entrei no metrô e fui. Chegando lá, Fátima Oliveira estava na audiência. Feliz ao vê-la, me perguntava o que ela fazia ali, por que havia saído de casa. Provavelmente ela fez alguma intervenção anterior e se deixou ficar para acompanhar o desempenho da "menina de Sueli".

Fátima reagiu mal à minha fala, mas teve a delicadeza de não me fazer perguntas, pois percebeu quão despreparada eu estava. Contudo, mostrou meus equívocos ponto por ponto, os voos rasos, a leitura empobrecedora das reflexões de Sueli. Me senti destruída, quase pedi desculpas por existir.

Na segunda-feira, abatida, fui prestar contas à minha mentora, pensando na possível antecipação de informações feita por Fátima. Sueli comentou o quanto ela era séria e estudiosa, ninguém falava besteiras perto de Fátima sem ser corrigido. No entendimento sueliano, o comportamento crítico dela demonstrava respeito e responsabilidade por mim, que tinha acabado de chegar e precisava de orientação e exemplos.

Prosseguindo, me censurou, pois todos os eventos mereciam igual consideração. Eu havia escorregado. Concluiu a preleção com um conselho salvador: "Não me imite, seja você mesma; construa seu lugar no mundo."

Esta foi uma das lições apreendidas de imediato, por inteiro. De uma única tacada, deixei de considerar os ombros de Sueli como escada.

# 7. COMPARTILHE SEU SUCESSO. NEM TODO MUNDO ALCANÇARÁ OS LUGARES QUE VOCÊ PODE ALCANÇAR. LEVE-OS COM VOCÊ

EU HAVIA ESCRITO um texto ótimo e fui mostrá-lo a Sueli. A reação dela, entretanto, foi intempestiva e não entendi por que exortava: "Bata em mim, me critique, bata em mim, eu aguento, bata em mim!"

Saí de Geledés atordoada. Enfrentava pesadelos pelas reações exasperadas de Sueli. Incrédula, mostrei o texto a duas amigas diferentes, esperançosa por encontrar o motivo da ira. A primeira leitora não viu nada espantoso, somente apontou problemas de estrutura.

A segunda matou a charada. Segundo ela, o texto criticava uma ação da organização. Por isso Sueli havia ficado furiosa, era uma crítica indireta. Se realmente a fiz, foi sem querer. Justamente por esta razão, não me expliquei nem pedi desculpas. Era um tempo sem tantas delicadezas entre nós. Permaneci triste num canto e ela, com a provável consciência do exagero, calada no outro lado.

Passaram-se os dias e o desentendimento foi esgarçado pelo tempo. Naquele momento institucional, começava a me sentir explorada, trabalhava em demasia e ganhava pouco, acima de tudo, mensurava o número de tarefas grandes e desafiadoras confiadas a mim, uma menina que não era diretora. Ademais, eu criticava abertamente diretoras que, na minha opinião, não assumiam tarefas de risco na rua e assentavam-se no conforto de se declararem "dirigentes".

Nesse contexto conturbado, apresentei alguma ideia própria a Sueli e falava enfaticamente na primeira pessoa, abraçada à formulação, com medo de perdê-la, de vê-la diluída no lamaçal da autoria roubada. Sueli viu a oportunidade de retomar o fulcro da crítica sobre o texto mencionado nesta lição, ou seja, meu julgamento severo sobre a produção de alguém pouco capaz de ir tão longe quanto outra pessoa mais provida de talentos: "Cidinha, nem todas as pessoas farão o que você pode fazer e elas não são menores por não conseguirem, mas você pode ser grande e compartilhar o seu sucesso, pode deixá-las experimentar a vitória na sua vitória, junto com você. Nem todo mundo alcançará os lugares que você pode alcançar, leve-os com você."

# 8. ACREDITE NO SONHO DAS PESSOAS

SUELI FORA PARTICIPAR de um evento em Belo Horizonte. Eu soube e fui encontrá-la. O ano era 1991. Informei sobre a graduação concluída e o desejo de viver em São Paulo. Perguntei se ela me ajudaria a conseguir um emprego. Ela sorriu largo e positivo, me pediu o currículo.

Eu havia conhecido Sueli em julho de 1988, numa sessão do Tribunal Winnie Mandela e, desde então, ia a São Paulo uma vez por ano, colava em Sueli e em Geledés por afeto e admiração.

Posso ouvir o barulho da impressora matricial imprimindo meu futuro em páginas levemente coloridas. Revejo o gesto de retirar as laterais furadas do papel impresso, brancas, diferentes do tom azulado do miolo. Leio o currículo e o acho bom. Dobro-o, escrevo um bilhete e coloco em um envelope endereçado à rua Professora Gioconda Mussolini, 259, no Jardim Rizzo, em São Paulo, residência de Sueli naquele momento, futura Casa Sueli Carneiro. Aliás, a Casa foi a realização do sonho de outra pessoa, Bianca Santana.

Àquela altura, eu não vislumbrava possibilidades de trabalhar em uma organização negra ganhando um salário. Solicitei ajuda para conseguir qualquer outro tipo de emprego, mas recebi um convite de Sueli no final de agosto ou início de setembro de 1991 para trabalhar em Geledés. "Pronta para vir para São Paulo? Eu tenho um trabalho aqui, tem a ver com o seu currículo de pesquisadora, mas é no Programa de Saúde. Tem também uma oportunidade com a Dra. Elza Berquó, no CEBRAP (Centro Brasileiro de Análise e Planejamento), você precisa passar na seleção. Eu vou demorar um pouquinho para conseguir te puxar para trabalhar comigo. Se te interessar, venha, estamos esperando por você."

Devo ter afirmado total interesse e agradecido com efusão. Sueli me perguntou quanto tempo eu precisava para organizar a mudança, quinze dias, respondi. No dia dezoito de setembro de 1991, desembarquei na antiga rodoviária Bresser com uma velha mala marrom emprestada, de couro e fivela, e uma mochila. Chegava à cidade escolhida para viver, junto à mentora que faria de mim uma grande liderança.

Na segunda-feira seguinte, me apresentei para trabalhar e optei por não pedir nenhum tipo de apoio para moradia, pois almejava impressionar pela independência e capacidade de resolver minhas próprias demandas, intencionava também preservar a hospitalidade de Sueli. Tolice, ela teria me recebido de braços abertos.

Essa afirmação de autonomia me rendeu dias iniciais péssimos no quesito descanso e configurou meu batismo como migrante em São Paulo. Migração leve, é verdade, por escolha, para realizar sonhos, não aquela premida pela fome ou pela falta de condições de sobrevivência na aldeia, porém, migração, sempre migração.

Um sonho tem camadas, para usar uma linguagem contemporânea. Sonha quem a vida autoriza a sonhar. Quem vive nas masmorras da sobrevivência tem dificuldades para fazê-lo. Sonhos inalcançáveis de consumo são permitidos e incentivados, mas me refiro à proibição aos sonhos que transformam, que ampliam os desejos de ser gente de maneira plena e intensa. Esses sonhos são quase inacessíveis para quem vem do nada ou do pouco. Sueli é especialista em ajudar essa categoria de gente sonhadora.

Os meninos e meninas do Projeto Rappers, por exemplo, sonhavam se apresentar e socializar na estação São Bento de metrô sem serem importunados pela polícia. Sueli promoveu a realização do sonho, foi além, negociou com o poder público para que a polícia cumprisse seu papel e fizesse a segurança daqueles que cotidianamente eram hostilizados pelos militares, num evento histórico na estação São Bento.

A mim, Sueli proporcionou a realização do sonho de viver em São Paulo, de habitar a maior metrópole da América Latina, de ser uma liderança política formada por ela, de me projetar para o Brasil quando preceituou: "Venha, você é muito bem-vinda entre nós." Sueli transformou essa boa recepção em apoio concreto e cotidiano, renovando e nutrindo o sonho, diariamente.

# 9. EXECUTE AS TAREFAS COM GALHARDIA

GALHARDIA É UMA palavra inserida no meu repertório linguístico a partir da convivência com Sueli Carneiro. Uma vez, em situação de entrevista, riram de mim ao usá-la. Uma pessoa comentou com a outra "galhardia, ela falou galhardia; olha a galhardia", e riram debochados, indiferentes a mim, a entrevistada (negra) que devia causar espanto por usar essa palavra antiga.

Dos apontamentos de Sueli sobre a galhardia brotava a admiração pelos humanos valentes, lutadores, corajosos, sem medo da morte. Valentia é outra expressão própria de seu léxico, também do dicionário de dona Eva, sua mãe.

Galhardia, valentia eram substantivos usados para análises políticas e desportivas. Ter galhardia era se banhar em coragem, vestir-se de coragem, caso ela não nascesse de você, da sua natureza.

Para Sueli, era preciso demonstrar coragem a qualquer custo. Ela mesma era a encarnação disso, tanta coragem que é difícil saber em qual arrabalde da fortaleza sueliana os medos se escondem.

Para Sueli, a coragem e o medo são inconciliáveis; para mim, não. Certa feita, entre 2000 e 2001, vivenciei um desses pontos da política em que armam sordidamente para nos derrubar de um posto e nos substituir por gente afinada com os interesses dos canalhas. Diante da pressão e acuada pelo que eu considerava injustiça, chorei na frente do meu algoz. Sueli, ao saber, indispôs-se comigo: "Você chorou! Por que você chorou? Fala, por quê?"

Hoje, imagino que o destempero se devesse ao papel de minha "advogada", ela precisava conhecer "toda a verdade" para me defender de forma efetiva.

Eu me sentia exausta, arrastava um problema de saúde há um ano e meio, do qual eu não ficava boa porque não parava de trabalhar para me cuidar. Dali a pouco se tornaria crônico por falta de fisioterapia, repouso e sono de qualidade. Na noite anterior, não conseguira dormir, ensaiei uma explicação e fui interrompida: "Porque você tem medo! Você chorou porque você tem medo."

O estrago estava feito, aos olhos de Sueli, eu havia demonstrado fraqueza na frente do inimigo, mas contestei: "Sim, tenho medos, principalmente daquilo que não posso resolver por mim mesma e do meu jeito." Minha companheira à época, percebendo minha prostração, resolveu, por conta própria, procurar por Sueli e lembrá-la: "Cidinha é muito forte, ela aguenta tudo, mas se você desconfiar dela, ela não vai aguentar."

A trama foi desmantelada, venci a batalha pela intervenção definitiva de Sueli, que também gritou com o minúsculo executor da tentativa de golpe e destituição do cargo, demitido meses depois do cérebro articulador do famigerado plano.

Ali se evidenciava mais um de nossos impasses seculares. Sueli considerava que o medo e a coragem não podiam habitar o mesmo corpo. De minha parte, achava – e ainda acho – que coragem e medos coexistem. Enfim, seguimos lutando juntas e uma pela outra, mantendo nossas crenças distintas.

# 10. É PRECISO PRODUZIR COM EXCELÊNCIA

A DIMENSÃO INESCAPÁVEL desta lição é que o racismo não nos deixa outra opção, pois inexiste espaço no mundo racista para a pessoa medíocre negra, pelo menos quando se trata de construção de autonomia. Ela pode ter um lugar ao sol enquanto participar de um tipo de inclusão subordinada aos interesses e ditames da branquitude, mas, se quiserem evitar o aniquilamento, pessoas negras devem ser excelentes no que fazem.

As novas gerações têm se insurgido contra essa máxima de excelência porque ela nos pressiona, nos consome e nos limita o direito à plenitude humana, ao erro e ao desempenho mediano na vida.

Estão parcialmente corretas as novas gerações, mas apenas constatar esse modo de operação do racismo nos adianta pouco, é preciso definir vetores fortes que nos libertem da imposição de excelência feita aos negros. Uma dimensão desse raciocínio, insuficientemente analisada é: os brancos têm direito à mediocridade e a vida segue soberana. Eles recebem prêmios, são conduzidos a postos de mando, herdam impérios econômicos e podem contratar profissionais gabaritados para gerenciá-los, técnicos especializados em multiplicar fortunas (muitas vezes, negros).

Nós, do lado de lá da ponte, não temos escritórios de advocacia com clientela consolidada desde o avô para herdar. Não obteremos perdão se nos formarmos em faculdades ruins. É provável que tenhamos problemas até para estagiar, a depender do local onde estudamos. O branco, por sua vez, pode ser insignificante em paz, pois exige-se pouco dele. Os estudos sobre a branquitude já mostraram, é preciso decodificar os mecanismos de construção do privilégio branco (Cida Bento).

Essa leitura tem longo alcance, supera o ato de simplesmente refutar a exigência que o racismo faz de apenas os negros excelentes terem alguma chance de sobrevida. Sueli, a seu turno, nos convoca a produzir novos modelos e formas de operar, pensadas e conduzidas pela gente negra e para a gente negra. A isso ela chama de "produção de excelência".

Outra dimensão fundamental do problema é compreender que as alterações na condição de subalternização racial da população negra só acontecerão por meio da ação organizada da gente negra, por essa razão, é preciso produzir com excelência, para prover modelos libertadores de nossa humanidade.

Esses são alguns motivos para precisarmos de pessoas negras em todas as áreas de atuação de ponta, na perspectiva sueliana. Ela vive em busca das que estejam gerando inovação com excelência em seus respectivos campos, porque daí virão as soluções autônomas para nossos dilemas.

# 11. UMA COISA É UMA COISA, OUTRA COISA É OUTRA COISA

ESTA LIÇÃO é sobre diferenciar os fatos, sobre destituí-los do brilho sedutor e enganoso; sobre ter consciência das etapas dos processos. Sobre fazer distinções, hierarquizações.

Em política é fundamental distinguir o básico da perfumaria, o valor do preço, a tática da estratégia, o louro da vitória do caminho de luta, as alianças circunstanciais dos pactos de vida.

Trata-se de compreender os escorregões a que todos estamos expostos e as falhas de caráter, a estatura das pessoas e as tarefas que lhes cabe, sem susto, racionalmente, como atributos humanos refletidos no espelho da complexidade.

## 12. DESLEALDADE É ALGO IMPERDOÁVEL, SEJA LEAL

HÁ LIÇÕES CUJO título é a síntese do que há para ser dito. A deslealdade, a traição da confiança, é algo imperdoável no Método SC.

O tratamento leal inclui também inimigos e adversários, todos devem ser respeitados. Não se mata um inimigo pelas costas ou via armadilhas sujas. Não se vence um adversário a qualquer custo; não se deve usar armas proibidas ou descumprir as regras do jogo.

Quando comemorei as setenta idades de Sueli no programa *Almanaque Exuzilhar*, montei uma trilha sonora com canções de Milton Nascimento, nosso cantor preferido, e convidei alguns artistas amigos para cantar. À interpretação magistral da querida Fabiana Cozza coube a canção "Sentinela", de Milton e Fernando Brant. Sueli ficou especialmente emocionada e me perguntou por que escolhi aquela música. A resposta foi simples e imediata: procurei por canções parecidas com ela e "Sentinela" era ela, alguém que zela por quem ama, até depois da morte.

Acertei em cheio, para Sueli, aquela canção materializava Ogum, a sentinela, aquele que coloca a lealdade acima do resto.

Meu desligamento de Geledés foi um grande teste de lealdade tanto dentro da organização quanto fora. Me saí bem em todos eles, mas o *tête-à-tête* com Sueli foi terrível. A conversa aconteceu na casa dela, em seu terreno, e ela abertamente me chamou para a guerra, para o enfrentamento, como se dissesse: "Vamos, você quer brincar? Me prove que você aguenta." Sorte que minhas grandes demandas são comigo mesma e, naquele momento, o foco era manter o respeito e a gratidão por Sueli. Queria sair da instituição de cabeça erguida, pela porta da frente, consciente de tudo o que trocamos, agradecida por isso e preservando os sentimentos de Sueli por mim. Não achava que era assim tanta coisa, estava tudo na justa medida do que nos orientara até ali.

Não passaria pela minha cabeça, mas deve ter passado pela cabeça de outras pessoas, por exemplo, reivindicar qualquer tipo de indenização pecuniária. Eu era diretora, fui presidenta, tinha responsabilidades. A tradição da instituição era de que as diretoras que saíssem levavam seus projetos, Sueli me lembrou disso, só que, no meu caso, não era possível e ela também sabia disso. Em fim de contas, depois de treze anos de trabalho, recebi uma "indenização" amigavelmente acordada de valor equivalente à soma de três meses de salário, divididos em três parcelas pagas ao longo de dois anos, e ficou tudo acertado pelos parâmetros da tradição.

Passamos por anos de distância e silêncio, nos observando e cuidando, cada uma à sua maneira, do amor que nos une.

# 13. CUIDADO COM A VOLTA DA CABOCLA

DIGAMOS QUE A volta da cabocla é uma leitura enterreirada do velho mecanismo de causa e efeito, ou seja, meça suas atitudes, tempere sua força, porque a cabocla volta, cedo ou tarde.

Atue com a consciência de que você pode controlar sua força, mas não as energias e humores mobilizados por meio dela. A cabocla um dia volta. O retorno te leva de roldão se os pés estiverem frouxos na terra.

Desse modo, se decidir atacar alguém na luta política, certifique-se de que você aguenta o troco, porque o retorno da cabocla é certo. Assim depreendíamos o significado do estribilho sueliano.

Exemplo penoso ocorreu com um advogado conhecido no campo dos Direitos Humanos. No curso de seu trabalho, deparou-se com um esquema poderoso, arraigado de falcatruas e desvio de dinheiro, do qual achava ser o grande descobridor. Resolveu, heroicamente, denunciar. De maneira ingênua, alardeou que denunciaria. Não teve tempo de fazê-lo, pois foi morto em um restaurante enquanto almoçava e, passados dez anos, o crime continua sem solução.

A lembrança dessa história duríssima nos ajuda a manter a consciência do risco contínuo de morte enfrentado por ativistas políticos e de Direitos Humanos, como acontece com indígenas e quilombolas.

# 14. VALORIZE SEU PASSE, MAS NÃO MINIMIZE SEUS DEFEITOS

O PASSE A que me refiro aqui não está no escopo dos terreiros, das limpezas espirituais e benzeduras, da ativação de alguns pontos energéticos e desativação de outros, conforme a necessidade de quem procura os seres encantados e encantadores das casas de religiões de matrizes afro-brasileiras.

O Método SC faz referência aqui ao universo do futebol, à Lei do Passe Livre ou Lei Pelé, aprovada em 1988. Na ocasião, Pelé era ministro do esporte e conduziu com maestria as negociações com os clubes de futebol, deputados e senadores. Antes dessa lei, válida para todas as modalidades esportivas, mas de superimpacto no futebol devido aos grandes valores movimentados, as agremiações eram "donas dos jogadores." Quando uma resolvia "vender" um atleta a outra, a transação acontecia entre as duas partes, à revelia do jogador. Quem comprava, pagava o valor acordado ao vendedor e pronto, o negócio estava fechado. Se o contrato do atleta terminasse e ainda não houvesse tratativas de transferência, ele continuava vinculado ao clube, sem receber salário.

A Lei Pelé pôs fim a essas práticas coronelescas que prescindiam da voz e agência do atleta, tratado como mercadoria atrelada às federações estaduais de futebol nos casos de impasse.

Esta lição do Método SC propugna que você seja autônoma, dona de você mesma e conheça profundamente suas próprias qualidades, exija que elas sejam valoradas na medida justa. Propõe a elaboração de estratégias para promover o que você acredita ser adequado, por exemplo, aumentando o valor do seu passe se souber que o outro lado vai querer diminuí-lo, ou, se não quiser fazer uma composição específica, elevar o passe a uma soma improvável de ser alcançada para sair por cima. São mandingas e exuzilhamentos contidos na atribuição de valor ao passe, porém, é necessário que você tenha consciência plena dos seus defeitos. Não deixe os outros apontarem suas falhas. Saiba quais são as suas fragilidades e cuide delas, trabalhe para superá-las e, se forem problemas graves e não der para reprogramar o HD, saiba se posicionar e se fazer respeitar apesar dos defeitos. Ou seja, encontre formas de se relacionar com eles sem deixar o flanco aberto para ser atacada ou diminuída.

Alcançar esse equilíbrio é complexo, aprendizado para a vida inteira, mas é alentador ter os aconselhamentos de Sueli Carneiro como os tive, na juventude, quando havia uma vida inteira pela frente para aprender e praticar.

# 15. CARINHO DE JUMENTO É COICE

"CARINHO DE JUMENTO é coice" foi um mantra trazido para a vida de Sueli por um grande amigo seu, o poeta paraibano Arnaldo Xavier (1948–2004).

Uma leitura superficial pode induzir as pessoas ao entendimento de que determinados sujeitos são naturalmente grosseiros, como ocorre com as mulheres negras que reagem às opressões racistas cristalizadas e são tratadas como barraqueiras e impermeáveis à delicadeza, quando, na verdade, apenas estão furiosas, tomadas pela fúria banta que abordarei numa lição posterior.

Uma segunda leitura poderia nos inspirar à ressignificação do estigma por parte do grupo estigmatizado: "Acostume-se, nós somos desse jeito." Lembro-me de querer receber abraços calorosos de Sueli depois de um tempo sem vê-la e ela me dizia: "Isso deve ser coisa de taurina, minha filha Luanda reclama também, sabia? Ela diz que eu não abraço direito. Carinho de jumento é coice, já dizia Arnaldo Xavier." E ríamos. No entanto, água mole em pedra dura, vocês sabem...

Outra amostra da aplicação das palavras do poeta paraibano foi uma declaração positiva de Sueli sobre mim feita em 2000 e que eu soube por volta de 2010 ou 2011. Aconteceu numa conversa com Denise Dora, ex-diretora da Fundação Ford. Falávamos sobre Geledés, minha saída de lá e os rumos que dei à vida. Sueli havia dito à Denise em 2000, na Prepcon do Chile (encontro preparatório à III Conferência Mundial Contra o Racismo, em Durban, África do Sul, 2001), que ela, Sueli, poderia descansar porque a sucessão estava feita. Surpreendida, perguntei se ela se referia a mim, e Denise confirmou. Fui obrigada a confessar a novidade disso, pois nunca ouvira nada similar vindo de Sueli. Será, então, que carinho de jumento é coice mesmo?

Tenho gostado de ler esse mantra ouvido há quase quatro décadas numa dimensão que, desde o princípio, estava presente nele. Para efeito de exemplificação, lembremos que pessoas negras de diferentes gerações reclamam de não terem recebido declarações de amor cotidianas das mães, materializadas em expressões como "eu te amo". Ora, foram vezes sem conta que, à saída dos filhos para a rua, elas recomendaram que não esquecessem o documento de identidade, não confrontassem policiais agressivos e tratassem de sobreviver às ruas e aos perigos especialmente dirigidos aos homens negros; que dessem um jeito de superar a condição de alvo permanente de extermínio e voltassem para casa sãos e salvos, para elas. Era o jeito dessas mães negras declarem amor no cotidiano. Vejo aqui um procedimento amoroso no estilo "carinho de jumento é coice".

Ainda outro destaque na compreensão desta lição aconteceu na cerimônia de posse do Ministro Joaquim Barbosa no STF (Supremo Tribunal Federal). Sueli e eu estávamos lá quando, em dado momento, uma de nós conversava com o ministro e um daqueles muitos fotógrafos uniformizados dos eventos oficiais de Brasília começou a nos clicar. O cabra se aproximou de mim e me mostrava na câmera a beleza das fotos, tentando me convencer a comprá-las. Perguntou a Sueli, todo diligente, se ela era minha mãe. Indaguei o preço de cada foto e reagi espantada, achei caro toda vida, não queria foto alguma. Sueli perguntou: "Tem certeza?" Sim, já havia gastado uma pequena fortuna comprando roupa para a festa – esta história abordarei no Movimento III deste livro –, meu orçamento já estava estourado.

Fomos para o hotel, jantamos, dormimos e viajamos de volta a São Paulo na manhã seguinte, quando Sueli me entregou um envelope pardo, "toma, para você". "O que é?" "Abre." Era a foto com Joaquim Barbosa. "Não acredito! Você pagou aquela grana toda? Comprou a foto para me dar de presente? Fofolete, você." "Não sou fofa. O cara apareceu aqui no hotel e resolvi pegar a foto, porque você é muito mão de vaca." Agradeci, ciente da mentirinha doce necessária àquela mulher que, pelo menos comigo, camuflava dengos.

## 16. O MUNDO NÃO ESTÁ CONTRA VOCÊ

ESTA LIÇÃO DO Método SC teve absorção lenta por minha parte, pois encontrado um porto, queremos atracar ali todas as dores que o mundo nos impôs e a reivindicação de colo pode se exacerbar. Em alguma situação, devo ter me excedido nas reclamações como forma de pedir clemência, brandura sueliana para comigo. Mas a reação de Sueli foi de me sacudir: "O mundo não está contra você."

O alerta sueliano pautava minha responsabilidade pelo que eu produzia nas pessoas, devido a minha inabilidade para alimentar relações interpessoais com atitudes simples de camaradagem na convivência. O fato de não ser uma pessoa simpática e de não me esforçar para sê-lo, logicamente, mobilizava afetos ruins e, nessas horas, as asas de Sueli não se abriam para me amparar. Ela me alertava diretamente que o mundo tinha ocupações mais graves do que conspirar maquiavelicamente contra mim.

Em que pese o fato da dureza sueliana se manifestar na medida da capacidade e das forças de uma pessoa para reagir, Sueli era especialmente exigente comigo, de maneira desproporcional. Certa vez concorri a uma bolsa para fazer mestrado nos EUA. Não passei da primeira vez e desci uma ladeira sem freio, me sentindo triste e injustiçada. Percebendo meu abatimento e queda de produção,

Sueli quis saber as razões. Desabafei: "A bolsa, ainda não me recuperei." "A bolsa para estudar fora?" "Sim", sussurrei iludida por uma permissão para chorar pitangas. Ela me interrompeu: "Trate de se recuperar. Já tá na hora, já deu tempo."

# 17. FAÇA O QUE PRECISA SER FEITO

FAZER O QUE precisa ser feito é um oriki (outro nome) de Sueli Carneiro. Em nossa trajetória, houve determinadas ocasiões, nas quais eu achava que ela estava se sacrificando, comprometendo a própria saúde. Tentei chamar sua atenção, contemporizar de alguma forma, sugeri um tempo maior de descanso, ouvi em resposta: "É preciso fazer o que precisa ser feito."

Sueli posicionava (e ainda posiciona) as exigências do projeto coletivo acima de qualquer sacrifício pessoal. Ela completava: "É desse jeito, Cidinha, Ogum protege a mãe, carrega o pai nas costas, protege os irmãos, a família estendida, faz o que precisa ser feito. Seu papel é resolver."

Fazer o que precisava ser feito era um mantra para ela e para quem estivesse sob sua coordenação também. Houve uma situação comigo bastante emblemática. Como comentado, tive uma questão de saúde grave que me tomou um longo tempo de recuperação e demandou muitos cuidados que não tive. Nesse período, trabalhava intensamente na preparação da III Conferência Mundial Contra o Racismo (Durban, 2001) fazendo múltiplas viagens a países como Croácia, Equador, Estados Unidos, Chile, Canadá, Suíça, Costa Rica, Uruguai, como também a dezenas de lugares no Brasil. A conferência se aproximava e ir para Durban significava interromper os meus procedimentos de saúde. Cheia de autonomia, decidi que não iria a tal conferência. Só me furtei de combinar com os russos, digo, com Sueli.

Um dia ela me chamou em sua sala, incrédula: "Cidinha, eu não acredito que você ainda não providenciou sua passagem." Baixei a cabeça, respirei e comecei a me explicar de maneira desastrosa, "eu não vou..." "Você é louca?", ela redarguiu, me impedindo de continuar. Por telefone, orientou a coordenadora do administrativo: "Érica, compra uma passagem para a Cidinha, para a África do Sul. Agora. Arruma um hotel para ela ficar também. Você não vai, ora veja... Tá brincando comigo?" O papo morreu ali.

O pior ainda estava por vir. Chegando em casa, informei a minha companheira que viajaria para Durban. Sua reação foi péssima, porque eu interromperia o tratamento de saúde e sua eficácia. Ela me perguntou por que eu viajaria. Respondi que Sueli não me deixou ficar. "E você é criança, por acaso? Não tem vontade própria? Sueli manda em você?" "Ela manda, mas não se trata disso", tentei argumentar sem sucesso.

Fui para Durban. Fiquei hospedada numa pousada distante do local da conferência, porque os arranjos foram feitos de última hora e não havia vagas disponíveis nas melhores hospedarias. Isso implicou em acordar cedíssimo todos os dias, tomar táxi para ir e para voltar.

Tive passagem aérea e hospedagem custeadas pela organização, mas sem diárias, precisei pagar alimentação e transporte do meu próprio bolso, mas isso não foi uma imposição ou punição da organização ou de Sueli, é que, na condição de presidenta de Geledés, sabedora do volume de trabalho que a administração manejava e não tendo buscado os recursos para a viagem em tempo hábil, tive vergonha de solicitar dinheiro da organização para cobrir minhas despesas.

Enfim, fui para a III Conferência Mundial Contra o Racismo! A explicação é que me faltaram forças para bancar uma decisão pessoal diante do que precisava ser feito.

## 18. NÃO CHUTE CACHORRO MORTO

ESTA LIÇÃO É uma variação da lição quatorze deste Método SC, versando sobre a lealdade. Tem foco específico em quem foi vencido ou não pôde reagir. É um princípio ogúnico respeitar o inimigo ou adversário que esteja nessa condição.

Chutar cachorro morto é humilhar uma pessoa, desprezar sua humanidade. Atitudes desleais são imperdoáveis; humilhações são incompatíveis com o Método SC.

Por outro lado, reconhecer-se na condição de cachorro morto é algo indigesto, ainda mais se nos fingimos de mortas para não sermos importunadas. Melhor é estar viva e lutando e, se tombar, cair de pé e atirando.

# 19. INVISTA NAS PESSOAS, APOSTE.
## NÃO IMPORTA QUE ELAS DEEM ERRADO

UMA PESSOA IMPORTANTE como Sueli Carneiro é constantemente procurada para avalizar iniciativas e ela não se esquiva em fazê-lo, faz parte de sua missão institucional e de vida.

Temos divergências profundas nesse aspecto e, por várias vezes ao longo desses anos, tentei sensibilizá-la com argumentos quanto a pessoas não merecedoras de suporte que, com o passar do tempo, se mostraram grandes desastres políticos. Todas as vezes, sem exceção, ouvi de Sueli: "Cidinha, a gente deve investir nas pessoas, apostar nelas, não importa que elas deem errado. A função da gente é apostar. Eu insisto e vou insistir sempre."

# 20. FAÇA A LEITURA POLÍTICA DE TODAS AS COISAS

O MOVIMENTO NEGRO dos 1970 e 1980 iniciava suas reuniões e textos por uma "análise de conjuntura." Era necessário avaliar o contexto no calor dos acontecimentos, fazer leitura política do cenário.

Sueli nos ensinou a fazer leitura política, inclusive nos temas em que a política estava aparentemente escondida. A política está em como se constroem os discursos, os objetivos, as tramas, por vezes, invisíveis a olho nu; nas articulações com redes maiores para produzir certos resultados; no que se omite e no que se destaca; nas entrelinhas dos diálogos e documentos.

Sueli nos oferendou ferramentas para destrinchar os enredos, para entender a amarração das pontas, as implicações e imbricações dos sujeitos em cenários diversos.

A gente aprendeu a decodificar o papel dos mártires, heróis, inocentes úteis, bobos da corte, dos come-quieto, dos assentados em cima do muro, dos que se beneficiam da coragem dos outros, dos que aquiescem ao lugar de exceção reservado pelo sistema racista de poder como estratégia de ceder os anéis para não perder os dedos, ou nem tanto, apenas como uma forma de oferecer migalhas aos que quebrarão o pescoço da própria mãe para manter as conquistas indignas.

Vejam um exemplo de leitura política na modelagem deste livro. Existe uma canção feita a partir de mitos de Ogum que me movimenta desde a primeira audição. Ela mistura português e iorubá e é interpretada por uma banda, cujo trabalho aprecio. Como a maioria das composições é coletiva e assinada pelo grupo, pensei que seria suficiente citá-lo na autoria do texto, num trecho que escolhi para usar como epígrafe no livro.

Mas descobri que a música tinha outro autor. Citá-lo implicaria em redefinir minha posição política na querela pública na qual tenho um lado definido desde o primeiro momento. Tudo se daria no campo subjetivo, mas quem lê o mundo politicamente e tem ciência do imbróglio, decodificaria a questão com facilidade. Esse é um caso simples de mergulho na complexidade da política que está em todas as chaves, portas e janelas, como nesta situação não circunscrita a uma composição artística.

Esta lição trata da crueza da vida e suas artimanhas, às quais precisamos enfrentar como demanda inescapável.

# 21. EU CONVERSO COM O CACIQUE

SUELI É UMA pessoa de hierarquias e enxerga o mundo de maneira hierárquica. Horizontalidade de meia pataca (como vemos hoje em diversas organizações políticas do terceiro setor) não é sua praia. Foi ela quem me ensinou a compreender a estrutura hierárquica dos terreiros, na qual anterioridade é posto, conferindo autoridade, e não é sinônimo de autoritarismo.

Autoridade é signo vital no Método SC. Autoridade exercida com justiça, ética, moderação e lealdade.

Para Sueli, é a liderança quem resolve as questões- -chave e deve ser responsabilizada pelos erros e fracassos, caso esses existam. Como senhora do próprio reino, ela só se dirige à autoridade máxima dos reinos vizinhos.

Vejamos uma ilustração desses trânsitos, ocorrida em 1994. Eu morava fora do Brasil e tive conhecimento de uma movimentação de organizações negras da América Latina. Concomitantemente, informações sobre essa articulação internacional chegaram a Geledés por outras vias, seguidas de um previsível convite à organização para integrar o grupo, dada a importância da organização no cenário político brasileiro.

Sueli seguiu seu método habitual de escrutinar as lideranças e de juntar ladrilhos para compor vitrais. A percepção da própria autoridade e a noção de hierarquia a levava a não se envolver entrando com os dois pés. Fui escalada como "batedora", designada para a missão de ir até o Uruguai, país da organização proponente, para participar de uma roda de conversa. Eu deveria observar os sujeitos no seu habitat e relatar o que percebesse em minúcias, de forma a alimentar suas análises estratégicas. Num momento posterior, ela recepcionou uma delegação do Uruguai na sua casa, na sua instituição. Recebeu também lideranças de outros países, como Colômbia, Peru, Costa Rica, e continuou enviando "batedoras" alternadas para acompanhar o passo a passo das negociações. Apenas quando a consolidação de propósitos e construção de confiança mostrou-se suficiente, houve um movimento sueliano de deslocamento do reino para uma reunião de cúpula.

Sueli agia como liderança maior no movimento de escolher quem faria a representação política, interferindo no modo como esta pessoa deveria reconhecer a topografia dos territórios, avaliar crítica e detalhadamente cada agente político. Também recebia as embaixadas dos reinos vizinhos e ponderava todas as variáveis antes de se deslocar do próprio reino. Afinal, uma grande liderança não se expõe em situações que não estejam à sua altura.

## 22. SIGA A LÍDER

O FOGÃO REALIZAVA aquela campanha avassaladora no Brasileirão de 2023, e nós, botafoguenses, livre-docentes na arte de esperar títulos, a cada rodada tirávamos onda e provocávamos o bordão, "siga o líder".

Todas as vezes em que repetia o slogan, me lembrava de Sueli, pois, liderança, para ela, é algo estruturante. Em qualquer situação, ela mapeia a liderança ou as lideranças e, com parcimônia, escrutina a forma de liderar para compreender sua operacionalidade e estabelecer diálogo produtivo.

Alguns conviveram e aprenderam com Mandela, Malcolm X, Martin Luther King Junior, Angela Davis, Winnie Mandela, eu tive a honra e a graça de compreender o que é uma liderança política pela ação de Sueli Carneiro.

## 23. MAIS VELHA NÃO TEM OPÇÃO, TEM QUE DAR CERTO

ESTE APRENDIZADO EMERGIU de conversas íntimas, na casa de Sueli. Esta constatação foi repetida um número sem fim de vezes.

Sueli e eu somos as mais velhas de nossas famílias nucleares e ocupar esse posto, de acordo com um entendimento do mundo compartilhado, define inúmeras responsabilidades, tanto com os mais novos, quanto com os mais velhos. Segundo a síntese produzida por Sueli, não temos opção senão abrir caminhos, ir à frente ensinando, sendo exemplo e, simultaneamente, aprendendo como se faz.

Trata-se de uma leitura ogúnica de ser mais velha. Ogum é o trabalhador que se posiciona à frente, preparando o caminho para os que virão. Ele não falha na missão de atender aos que ama ou àqueles com os quais está comprometido, em suas necessidades materiais e simbólicas. Ogum é provedor, Sueli também.

## 24. TUDO CERTO ENTRE NÓS

ESTE TAMBÉM É um aprendizado caro à minha relação pessoal com Sueli. Nossa parceria despertou ciúme e gerou intrigas no reino ao longo das décadas. Acresça-se a isso o fato de eu não ser uma pessoa fácil, de ser "meio" antipática, conforme já disse.

As fofocas, boicotes, reações enciumadas e armadilhas costumam ser resolvidas com conversas francas entre nós duas e, dissipadas as dúvidas, temos esse bordão para encerrar o assunto e manter abertas as avenidas do nosso bem-querer: "tudo certo entre nós".

Uma boa ilustração desse mecanismo pode ser observada pelo fato de eu ter sido a primeira pessoa consultada para saber se Sueli aceitaria o título de Doutora *Honoris Causa* oferecido pela Universidade de Brasília, porém não ter sido avisada sobre a data da cerimônia quando tudo se resolveu. Meu acompanhamento do tema estacionou na efetivação e aceite do convite, quando conversei com Sueli em algum momento e ela, como eu previa, mostrou-se feliz e agradecida.

Num dia qualquer, vi por uma rede social fotos da entrega do título, na qual várias mulheres do nosso círculo de relações estiveram. Telefonei para Sueli e reclamei: "Poxa, você já recebeu o título. Vi fotos. Parabéns." "Uma pena você não ter podido ir, foi bonito, fiquei muito emocionada" e passou a comentar animadamente sobre cada um dos discursos. Insisti (pautando a guerra): "Eu podia ir, não fui porque não soube." "Pensei que você estivesse viajando" (apaziguando os ânimos). "Eu estava aqui. Teria comprado uma passagem e iria te ver, se tivesse sabido." Uns segundos de silêncio e mudamos os pontos de pauta. Tudo certo entre nós.

## 25. CONHEÇA OS CLÁSSICOS NEGROS E FORTALEÇA-SE AO RECORRER A ELES

NAS PRIMEIRAS LEITURAS dos textos de Sueli, não gostava da forma como ela referenciava as pessoas negras, enfatizando seu pertencimento racial para dar substrato ao pensamento e à ação política: a historiadora negra, a médica negra, a socióloga negra. Demorei algum tempo para assimilar sua estratégia de mobilização e circulação dos saberes de uma *"intelligenza* negra", expressão sueliana arquetípica, ou seja, precisávamos promover essas intelectuais para assegurar sua existência.

A afirmação de Sueli – "os brancos quando passam por crises recorrem aos seus clássicos" – me impressionou de pronto. Entendi que eles se refazem e seguem adiante depois desse socorro. Nós, negros, nem conhecemos os nossos. Dali, tirei o imperativo de reverenciar nossos clássicos, recorrer a eles para manter e criar epistemologias e filosofias insurgentes, por isso dediquei este livro a mulheres como Luiza Bairros, Maria Nazareth Soares Fonseca, Leda Maria Martins, Lígia Fonseca Ferreira, Isildinha Baptista Nogueira, Denise Ferreira da Silva, Ana Maria Gonçalves e a própria Sueli Carneiro, clássicos vivos, à exceção de Luiza, que nos deixou muito cedo. O fato de Sueli Carneiro ter alcançado reconhecimento popular depois de sua atuação absolutamente esperada no *podcast Mano a mano* é uma amostra desse desconhecimento.

Outro lado dessa moeda da obliteração dos nossos clássicos são os fenômenos hodiernos produzidos pela "mutação civilizacional" – ideia de Marilena Chauí – gestada na cloaca das redes sociais digitais (palavras minhas). O primeiro deles tenho chamado de "clássicos de internet", ou seja, intelectualidades opinativas que brotam por geração espontânea, ascendem ao grau imaculado das famosidades e se tornam as referências de pensamento do momento. São citadas como criadoras de conceitos nos trabalhos acadêmicos da moçada formada pelas redes sociais, deixando de cabelo em pé as velhas professoras que insistem na necessidade do mandatório contexto histórico para as ideias, conceitos e teorias.

Mais um dos fenômenos da contemporaneidade midiática, que se espalham como erva daninha, é o das lideranças políticas que *sobem como foguetes e caem como meteoros*, parafraseando a querida Rosana Paulino. Configura-se nesse rastro um pessoal que ascende a altos postos sem que ninguém os tenha visto num trabalho de base, numa marcha, numa passeata, em outra manifestação pública intimidada por gás lacrimogêneo e spray de pimenta, em um congresso importante, em uma assembleia... nada, nada. Se valem da boa oratória, capacidade de articulação pelo alto, domínio da linguagem das aparências do neoliberalismo, da criação de cortinas de fumaça conceituais eficientes que abrem caminhos nas avenidas do poder. Tornam-se "clássicos", instantaneamente, em decorrência de alguma retumbante aparição pública, com direito a especulações levianas sobre uma futura candidatura à presidência da república, como fazem com apresentadores de TV e cantores escolhidos pela direita.

Contrariamente, aqueles intelectuais que formaram centenas de outros, orientaram dissertações e teses diversas ao longo de mais de cinquenta anos, formaram todo mundo que faz o motor das universidades girar, não são lembrados como referências ou são desconhecidos pelo grande público.

Diante desse quadro, para garantir a nossa própria sobrevivência, precisamos saber quais são nossos clássicos, reverenciá-los e nos alimentarmos de seus saberes e orientações, sob pena de nos perdermos num caminho sem volta se seguirmos cultuando a moçada da geração espontânea.

# 26. SEMPRE TEM COMPLICAÇÃO

NADA É TÃO simples quanto parece em política. Sueli nos deixava falar primeiro e, depois, problematizava nossas análises, mostrava falhas de raciocínio, cortinas de fumaça, desconsideração de variáveis importantes na montagem do cenário, vícios no olhar, ingenuidades, prepotência, arrogância, pirotecnia verbal, sentimentalismo, clichês. Então, era nossa vez de tentar achar "furos" no raciocínio dela, de encontrar um aspecto descoberto. O Método SC instigava a argumentação lógica, consistente e crítica.

Quando imaginávamos ter feito uma análise original e abrangente do pensamento complexo de Sueli, esperávamos uma chuva de elogios. Nossa reação variava entre o êxtase diante do alto nível de complexidade e amplitude do pensamento sueliano e a frustração quando tínhamos certeza de que havíamos acertado e choveriam elogios. Não chovia, porque, em política, as complicações cruzam nosso caminho e relativizam nosso êxito.

Sempre que utilizo o plural para mencionar aprendizes do Método SC, estou me reportando a pessoas como eu, que escolheram a posição de serem "mestradas" e conduzidas por ela, geralmente, jovens integrantes de Geledés. Aqui, não me refiro a pessoas cuja autopercepção as colocava em níveis similares aos de Sueli.

Os distúrbios são inerentes ao fazer político: dar conta das condições mais importantes de cada processo, saber lidar com diferentes personalidades e personas, manter o foco no que é maior e fundamental são preceitos para exercitar uma arte complexa, sofisticada e muito exigente.

## 27. DESENHE CENÁRIOS. TESTE-OS

SUELI NOS ENSINOU que não se faz política sem a prospecção de cenários, sem testar hipóteses, sem tirar e acrescentar dados. É preciso considerar a lealdade e a leviandade das pessoas envolvidas, a quantidade de balas na agulha, a hora de atacar e de recuar, a volta da cabocla, o estilo das lideranças, a autonomia decisória de quem está enredada na situação, o peso das camisas envolvidas na contenda.

Seguindo essa orientação, é imperativo desenhar e testar, criar hipóteses, especular, construir rotas de fuga, entender quais são os aliados circunstanciais e os permanentes, os oponentes, o cerne do problema.

Assim aconteceu na última conversa interna em Geledés antes de viajarmos para a Conferência de Durban (África do Sul, 2001), na qual a faculdade sueliana de "prever o futuro" se apresentou plena. Sueli fez uma prospecção de cenário pós-Durban num papo reto, seco, premonitório e quase cruel: "Algumas organizações serão bem-sucedidas no processo de Durban e se fortalecerão; outras serão destruídas. Nós, obviamente, estaremos no primeiro grupo."

A assertividade do verbo e seu complemento – "serão destruídas" – me transtornaram. Como ela sabia? Que búzio consultou? Não sei se houve consulta, mas houve análise aguda do que vivíamos, de organizações e pessoas que haviam se deslumbrado durante a luta e, todas sabemos, uma situação de guerra não comporta deslumbres. Adicionalmente, as ONGs negras surgidas em finais dos anos 1990 e início dos anos 2000, que não se valiam de lastro coletivo e dependiam de uma fonte financiadora exclusiva, sucumbiram. Então, alguém experiente como Sueli sabia que não daria em bom resultado. O tempo comprovou sua leitura acertada dos fatos e desdobramentos deles.

Mesmo já tendo passado dos trinta, eu às vezes olhava Sueli como detentora de superpoderes, aquele foi um momento típico. Aos meus olhos, ela luzia como uma velha de três metros de altura em cada perna, discursando recostada a uma pedra com um cobertor nas costas, um cajado nas mãos e um abismo à sua frente. Ela dominava o mundo pelo olhar de quem esquadrinha subterrâneos.

## 28. CONFIE NO SEU TACO, MAS DESCONFIE DE SUAS CERTEZAS ANTES DE DAR A PRIMEIRA TACADA

UMA JOGADORA SEM confiança não bate pênalti, porém, mesmo confiante, ela deve checar se naquele dia específico, a cabeça e a perna estão boas para bater.

Em política é preciso ter autoconfiança e coragem, dizia Sueli. Porém é necessário, também, duvidar das certezas que nos movem e podem nos enganar se não fizermos uma análise detida do cenário vigente e se não especularmos outros. Se estivermos ofuscadas pelo ego, desejos de vingança, pela vontade de mostrar quem manda e tem poder, será fácil nos perdermos.

Requer-se a ponderação do máximo de facetas atinentes a um determinado tema, suas duplicações e descontentamentos decorrentes antes de definir a ação. Às vezes, essa habilidade é requerida nos poucos segundos disponíveis para a tomada de decisão e precisamos estar preparadas para fazê-lo.

# 29. NÃO ALIMENTE ILUSÕES

ESTE É OUTRO oriki de Sueli Carneiro e se tornou o maior mantra da minha vida.

No campo das relações interraciais, existe um fenômeno da segunda década do século XXI que não se via na primeira década deste ou no final do século XX, e pode gerar a ilusão de que a estrutura assimétrica dessas relações interraciais mudou. Um olhar breve sobre certos meios sociais nos mostra que formar par com uma pessoa negra hoje gera um tipo de status facilitador de trânsitos às pessoas brancas, notadamente nos campos da arte e da cultura popular.

No campo da política e de outras relações institucionais de poder em espaços não projetados para a população negra (universidades, direção de empresas, ministérios e secretarias de estado, entre outros), todas as vezes que um ocupante de cargo cobiçado de alto escalão alimenta a ilusão de estar autorizado a comportar-se como os outros (brancos), podemos esperar sua queda em breve.

São milhares de olhos sobre nós, prontos a tornar erro grave qualquer deslize, ou prontos para transformar em problema aquilo que é afirmação de um modo de operar, de conduzir a História. A engenhoca racista age para nos acantonar e para nos enxotar dali.

Ao contrário do que podemos pensar à primeira vista, não alimentar ilusões não significa o soterramento de sonhos e esperanças. Estes ancoram nossa humanidade. Não alimentar ilusões significa buscar entender a vida em estado bruto, sem cortinas de fumaça, sem romantismo e emocionalismo barato. Viver é difícil, principalmente sendo alvo de opressões infames como o racismo. Não alimentar ilusões implica compreender a mutabilidade do racismo para endossar a permanência dos de sempre no poder. É só olhar com olhos de ver. Não alimentar ilusões é uma condição indispensável para sobreviver ao racismo.

# 30. SAIBA LIDAR COM O PESO DA CAMISA

O PESO DA CAMISA é a responsabilidade pela instituição que você representa.

Vejamos um pequeno rol de aplicações do termo, no jargão sueliano: "Fulano de tal sentiu o peso da camisa": essa assertiva fala mais de quem fez o peso da camisa ser sentido do que da pessoa que sentiu. Significa que a dona da camisa chegou chegando, mostrou as garras, as credenciais, abafou o adversário por meio do peso institucional.

O significado da pergunta "sentiu o peso da camisa?", por sua vez, varia de acordo com a situação e a entonação. Pode ser uma pergunta afirmativa ou uma indagação para se aproximar do sentimento mais íntimo da pessoa que veste a camisa. "Vestir a camisa", aliás, poderia ser outra lição.

Vejamos: no primeiro caso a questão é retórica, Sueli sabe que a pessoa a quem a camisa (o peso institucional) se dirigia sentiu o impacto e tremeu.

Na situação de pergunta objetiva, ela se refere à pessoa que veste a camisa, ou seja, é ela quem treme por carregar tanto peso. Acontecia quando eu me sentia super-exigida na juventude. Inexperiente, me via despreparada para responder à altura. Sueli me perguntava: "Sentiu o peso da camisa?"

Outro tipo de situação aplicável eram algumas portas escancaradas para mim, um certo tratamento pomposo, devido ao fato de eu ser emissária de Geledés. Na volta, contava meus feitos a Sueli como se eu tivesse arrasado por mim mesma. Ela, sabedora da realidade dos fatos, ironizava: "Sentiu o peso da camisa?"

# 31. RESPEITE E REVERENCIE A ESTATURA DE UMA PESSOA

AS ESTAÇÕES EM que aprendi esta lição me comoveram e vou contar o porquê. Sueli é uma pessoa movida por hierarquias, como já mencionei. Certa vez, conversávamos sobre nomes a serem indicados para um determinado trabalho. De pronto, sugeri o nome de alguém em situação laboral complicada, e Sueli o rechaçou, além de dissecar meu erro, pois a pessoa não era indicada para aquele emprego. Consternei porque não havia, de minha parte, intenção de menosprezá-la, ao contrário, propunha a experiência de um trabalho digno que poderia tirá-la da estagnação.

Eu não fizera por mal, a criatura era um ser encolhido. Sueli, entretanto, pensava de outra forma: "Fulana é posto avançado, não pode cumprir tarefa de soldado. Se ela não reconhece a própria envergadura, é problema do espelho dela, não nosso. Nós nunca poderemos tratá-la como se ela não fosse grande, não se pode apequenar uma pessoa."

Outra situação envolveu uma mulher negra da geração de Sueli, professora da educação básica e mãe de vários filhos. Nos encontramos em algum momento de brilho e holofotes e, ao nos cumprimentar e confessar a admiração nutrida por ambas, a professora concluiu que nós havíamos ido longe e ela não saiu do limbo. Uma tristeza renhida dava contornos àquela confidência que revelava dores de uma mulher que renunciou aos projetos pessoais, primeiro para dar suporte à carreira do marido e, depois do fim do casamento, para dedicar-se à construção do futuro dos filhos. História comum a tantas mulheres. Me mantive calada, observando Sueli, de quem nossa interlocutora esperava uma manifestação. Com os olhos marejados, ela prescreveu: "Não fala assim, você é muito importante para nós e você sabe disso." Riu para evitar o choro e abraçou a companheira.

## 32. SÓ BATO EM CACHORRO GRANDE, DO MEU TAMANHO OU MAIOR

ESTA LIÇÃO TAMBÉM é um oriki de Sueli Carneiro. Ela só entra em brigas grandes e os adversários, obrigatoriamente, precisam ter sua estatura ou serem maiores. Inexiste a possibilidade de ela bater em alguém mais fraco, pois seria covardia, um significante descabido em seu repertório pessoal e mítico.

Um de seus mitos particulares de fundação é a defesa dos irmãos e irmãs no ambiente escolar da meninice. Muitas de nós, ao nos sentarmos no sofá de sua casa, a ouvimos rememorar histórias de como defendia os familiares na escola, embora não os pudesse proteger da mãe, adepta do "se apanhar na rua, vai apanhar em casa também". Sueli tinha fama de brigona, e brigava bem.

Já adulta, madura, encontrou, por acaso, um colega daqueles tempos. Se reconheceram, conversaram.

Passada uma semana, o colega trouxe reverberações do papo. Havia comentado com outros dois contemporâneos sobre a conversa. Compartilhou suas impressões sobre Sueli, ela era uma mulher vitoriosa e cheia de histórias para contar. Os amigos retrucaram: "Sueli? Aquela que estudou com a gente na Vila Bonilha? Não, você está enganado. A Sueli já morreu. Morreu nova." "Que isso, rapaz? Ela está viva. De onde você tirou essa ideia? Eu estou te falando, estive com ela, conversei, ela está vivinha, bonitona, bem na fita." Os rapazes insistiram: "Não acredito, deve ser uma sósia. Brigona do jeito que aquela ali era, ia morrer cedo. Alguém matou ela há muito tempo, com certeza."

## 33. NÃO ORIENTE APENAS OS NEGROS

ESTE CONSELHO FOI dado por Sueli Carneiro a Alex Ratts, companheiro de geração e do Conselho da Casa Sueli Carneiro, durante um almoço na minha casa, em comemoração à aprovação dele para professor na Universidade Federal de Goiás, no início dos anos 2000.

Sueli repercutia a necessidade de nos constituirmos como referências intelectuais para todas as pessoas, não somente para as negras.

Mais de vinte anos depois, em 2025, voltava de uma defesa de dissertação na USP e encontrei Alex nos arredores da universidade, depois de uma visita à Casa Sueli. Ele já havia almoçado, mas, gentil, me acompanhou ao restaurante e trocamos ideias por uma horinha.

O assunto principal foi a produção intelectual negra contemporânea e o desespero das editoras por autores e autoras negros para chamarem de seus. Eu falei sobre profissionais negros recém-contratados, cujo papel é adequar os livros de autoria negra a formatos vendáveis, chancelados pela empresa.

Alex teceu comentários acerca da necessidade de recusar certos convites para ter tempo de se dedicar ao que realmente importa, o que precisa ser feito. Declarou-se cansado de se preparar para palestras e de dividir mesas com gente despreparada, o que lhe fazia preferir, atualmente, concentrar-se na pesquisa, concepção e organização de livros. Falou também sobre a alegria e a sensação de dever cumprido ao acompanhar o trabalho de vários de seus ex-orientandos e orientandas.

Eu me lembrei de algumas lições do Método SC: sobre ocupar os postos avançados na guerra e saber diferenciar funções de acordo com o estágio da luta, ou seja, necessidades estratégicas. Sim, fomos formadas por Sueli Carneiro.

# 34. A CRIATIVIDADE É O QUE NOS SALVA NA ACADEMIA

SUELI INSISTE NESTA tecla. Seus elogios a teses ou dissertações se dão pela criatividade da autora ou autor, não pelos rigores formais.

Escolhi alguns trechos do livro *Entre apostas e heranças: contornos africanos e afro-brasileiros na educação e no ensino de filosofia no Brasil*,* de Wanderson Flor do Nascimento, que dizem de maneira bela e precisa o que eu gostaria de elaborar neste tópico:

> Penso em Okaran (primeiro signo/odu de Ifá vinculado a Exu na interpretação brasileira dos odus) exatamente porque sua vinculação com o orixá Exu nos coloca diante do movimento da transformação, da comunicação, da palavra, mas também da insubordinação – uma das mensagens que o signo carrega –, que impede que se siga pensando como se pensava antes, que se siga dizendo o que se dizia antes, sem, no entanto, matar a tradição, naquilo que ela tiver de construtivo e valoroso.
>
> Exu é palavra e pensamento, definidos como ação, movimento, dinâmica. Nunca é a palavra que se guarda ou simplesmente se repete, mas aquela que em

---

\* Wanderson Flor do Nascimento, *Entre apostas e heranças: contornos africanos e afro-brasileiros na educação e no ensino de filosofia no Brasil*. Rio de Janeiro: NEFI Edições, 2020.

se movimentando, coloca em movimento o próprio mundo, criando novos caminhos, novas encruzilhadas. Penso que Exu seja, por isso, patrono/signo tanto das filosofias quanto da educação, que nos obriga a ter, para manter a palavra viva, uma relação crítica com a própria palavra, uma relação criativa, uma relação de travessia e insubordinação. Seria Exu o mensageiro insubordinado e do processo criativo e resistente de insubordinar, que nos ensina desde a tradição a mudar o mundo que nos cerca, sempre que estejamos em frente de algo que nos oprima, nos fixe, nos viole.

Na perspectiva de Wanderson, o Odu Okaran "nos convida a arriscar o impossível, a construir a passagem da impossibilidade ao vivido, viver o improvável, desacomodar as possibilidades". É feita uma provocação para nos reinventarmos pelo pensamento e pela palavra que o expressa, produzindo uma "insubordinação criativa". Esta me parece ser também a exortação de Sueli no sentido de enfrentarmos o engessamento da universidade, no qual as pessoas racializadas sequer cabem, afinal, engessar é "tornar branco usando gesso, branquear com gesso".

Para seguir a conclamação de Sueli, precisamos sobrepor as práticas diruptivas aos muros da universidade, tão pouco permeáveis à insubordinação. Nossos parâmetros são a festa, a alegria, as tecnologias ancestrais de produção de infinitos, a criação e manutenção da vida a partir do pouco que sobrou às pessoas negras depois de inúmeros e reiterados processos de expropriação ao longo da História.

# 35. PARA NÓS, AS COISAS DEMORAM MAIS, O CAMINHO É MAIS LENTO

O PRONOME "NÓS", aqui nesta lição, refere-se às jogadoras do jogo duro, à gente insurgente, de qualquer idade ou geração, que não se utiliza de rapapés, beija-mão e sala-maleques. De Lima Barreto a Carolina de Jesus, de Sueli Carneiro a Mano Brown. Quem age dessa forma terá no horizonte um caminho mais longo a percorrer.

No campo das artes, por exemplo, penso, de maneira recorrente, nas artistas negras sem lastro econômico que lhes garanta o tempo da fruição, acarretando lentidão na caminhada.

Em conversas recentes, Sueli me advertiu a respeito da fala inócua sobre a necessidade de a esquerda mudar os métodos de comunicação para abraçar os grandes públicos da direita: "A esquerda não vai atingir esse público, tanto porque ele não quer ouvi-la, quanto porque os métodos que a direita usa para gritar nunca serão os da esquerda, e se forem, ela deixará de ser esquerda. Comunicar-se melhor, de maneira ágil, é fundamental para impulsionar a comunicação, mas a esquerda não atingirá o público da direita."

Outra reflexão decorrente desta lição é a facilitação de mobilidade experimentada pelas gerações recentes como consequência natural do trabalho feito pelas gerações anteriores, as que forçaram as portas e amassaram o barro. Por exemplo, nos anos 1990 e 2000, era rara a figura de articulistas negros nos grandes jornais brasileiros e de jornalistas negros nas televisões. O cenário tem mudado, os números têm aumentado desde 2010 e algumas situações estão medianamente consolidadas, ou seja, troca-se uma pessoa negra por outra, alternam-se sujeitos negros naquele cercadinho, ou mantém-se um percentual de negros, como ocorre no jornalismo da *Folha de S.Paulo* e da Rede Globo. Nesses espaços, resultantes da ação política histórica, é patente a tendência de que pessoas mais velhas sejam substituídas por profissionais mais jovens que, dentro de algum tempo, também serão descartáveis. É a roleta-russa geracional.

# 36. RECONHECIMENTO É UM NEGÓCIO QUE DEMORA MUITO PARA A GENTE

TODAS AS VEZES que cheguei chorosa ou furiosa à casa de Sueli, me queixando sobre falta de reconhecimento do meu trabalho, Sueli me respondia com a mesmíssima frase, sem alterar a respiração: "Reconhecimento é um negócio que demora muito para a gente, se é que um dia chega." E me deixava com a batata quente nas mãos. Faço o mesmo com vocês agora.

## 37. A HISTÓRIA É MAIOR DO QUE A GENTE

EM ALGUM MOMENTO de 2023, os amigos Lola e Otávio, companheiros de Geledés nos primeiros anos, me deram a alegria de aparecer em um lançamento de livro escrito por mim. Abraços afetuosos, conversa vai, conversa vem, o casal me contou que gostaria de reencontrar Sueli. Ela adoraria vê-los também, eu tinha certeza.

Telefonei para Sueli e contei sobre a conversa. Ela realmente ficou feliz, consultou sua disponibilidade de agenda e marcamos um encontro na nova sede de Geledés, ainda desconhecida do casal.

Foi uma tarde deliciosa, regada a comidinhas, bebidas frescas, riso e boas recordações. Sueli discorria animadamente sobre o acervo de Geledés, sobre a importância da memória, as publicações, os vídeos e outras sistematizações produzidas acerca de projetos que completavam vinte, vinte e cinco, trinta anos na instituição.

Em dado momento, Sueli comentou sobre os abalos sísmicos conhecidos internamente como hecatombes, que resultaram na saída de equipes inteiras da organização e como, numa trajetória de amadurecimento gelediano, as lideranças desses grupos foram procuradas no sentido de doarem cópias de materiais históricos de Geledés para o acervo, para uma construção de memória coletiva. Uma dessas lideranças nem sequer respondeu aos contatos. Lola e Otávio se mantiveram prudentemente calados. Eu divergia de Sueli e expressei compreensão da atitude de quem não quis compartilhar materiais com Geledés. Sueli arrematou a conversa advogando que a História é maior do que a gente.

Sim, é verdade, concordei, contudo, essa afirmação é fácil na vitória; na derrota, o ódio e o rancor podem tomar conta da racionalidade, turvando a visão de longo alcance. Se eu tivesse sido derrotada, se tivesse saído numa das hecatombes, também não entregaria nada para Geledés. Poderia ceder o material para outro instituto de arquivística e pesquisa que tratasse daquele conjunto de documentos a partir da minha agência. Não o entregaria a uma instituição que posaria de magnânima a partir da narrativa de que contribuí para que ela fosse o que é. Às favas com contribuições, as pessoas querem construir protagonismo naquilo que, afinal, investiram suas vidas. Não estão erradas, segundo minha maneira de interpretar o mundo.

Sueli insistiu que a História é maior do que a gente e estava certa, mas ossos quebrados doem mais no inverno, confidenciei aos meus botões.

# 38. A GENTE NÃO FAZ NADA PARA A GENTE MESMA, FAZ PARA OS QUE VIRÃO

PARA COMENTAR ESTA lição, vou me valer das palavras do escritor Ishmael Beah, de Serra Leoa, citando a personagem Mama Kadie, no livro *O brilho do amanhã*.*

A conversa se passa no último dia antes do esvaziamento forçado da cidade de Mama Kadie, cuja primeira destruição havia acontecido durante a guerra civil e a segunda, na exploração predatória de minerais feita por empresas branco-europeias liberadas pelo governo do país africano a partir da liberação e de suportes governamentais.

A cidade, após ter o cemitério violado para exploração daqueles minerais e ter vários de seus filhos mortos em acidentes da atividade mineradora (os corpos eram desaparecidos e as mortes não eram registradas ou oficializadas), agora seria inundada por uma represa e desapareceria de vez:

> Mama Kadie, depois de ficar quieta por alguns instantes, para convidar o silêncio, que trazia os espíritos para o meio dos vivos, começou: costumávamos nos sentar numa roda para contar muitas histórias. Atualmente,

---

\* Ishmael Beah, *O brilho do amanhã*. São Paulo: Companhia das Letras, 2013.

quando conseguimos fazer uma roda, ela é composta em sua maioria por idosos e adultos. Não há muitas crianças para receber as histórias. Nosso coração, dos anciãos, chora, porque estamos preocupados com a possibilidade de perder nossa ligação com as diferentes luas que estão por vir, com as luas que passaram e com o sol de hoje. O sol vai se pôr sem nossos sussurros. Os ouvidos e a voz daqueles que se foram estão fechados para nós. Nossos netos terão espinhas dorsais frágeis e não terão ouvidos para entender o conhecimento que está dentro deles, que os sustêm firmes nessa terra. Um simples vento de desespero fará com que se quebrem facilmente. O que devemos fazer, meus amigos? Todos os rostos na multidão ficaram sérios. Devemos viver no brilho do amanhã, como nossos ancestrais sugeriram em seus contos. Para o que ainda está por vir, o amanhã tem possibilidades, e devemos pensar nele, o mais simples lampejo dessa possibilidade de coisas boas. Essa será nossa força. Essa sempre foi nossa força.

A vida de Sueli Carneiro se irmana com o vaticínio de João do Vale, compositor maranhense pouco conhecido e reverenciado na história da música brasileira: "Se eu não chegar a ver, vai nascer de mim quem vem pra ver." A gente não faz nada para nós mesmas, faz para os que virão. Ser orientada por esse pressuposto impulsiona para a frente, a despeito dos insucessos, frustrações e derrotas inerentes aos processos de luta. É plenamente possível que não usufruamos das mudanças, mas elas não são necessariamente para nós, são para os que virão.

## 39. RESPEITO É BOM E NÓS GOSTAMOS

O TÍTULO DESTA lição respeita a formulação de Sueli em uma conversa após seu retorno da Universidade do Texas, onde trabalhara por um semestre como professora visitante. Se as palavras fossem minhas, o título seria: "respeite a autoria alheia".

É comum que algumas pesquisadoras, principalmente as jovens, façam longas digressões tentando ensinar Sueli sobre o que ela mesma escreveu. Aconteceu de uma estudante arriscar apresentar à Sueli, como sua, uma reflexão sueliana. "Sei, sei, sei", respondia Sueli, enquanto pensava, "mas eu conheço essa ideia, conheço essa ideia."

Já passamos por trinta e oito lições e vocês já a conhecem o suficiente para intuir que ela não desce do pedestal da ironia, incólume à expropriação de seu pensamento, ao desconhecimento (hipótese condescendente) de suas formulações inaugurais.

Embora discípula dela, não desenvolvi a classe ou a maturidade sueliana, reclamo, me insurjo e sou capaz de proclamar: "Escuta, essa formulação é autoral, é minha. É feio você omitir meu nome. Isso é roubo."

Na juventude quis processar uma pessoa por plágio, à revelia de Sueli. Eu me achava dona do meu nariz, contudo, ninguém me leria como uma pessoa isolada processando outra, seria Geledés autuando alguém. Desconsiderei o peso da camisa, ou talvez, no fundo de mim, quisesse mesmo me valer da instituição para fortalecer meu embate pessoal.

Fiz várias consultas, me certifiquei do plágio. Um advogado e um editor experiente me alertaram sobre a derrota iminente nos tribunais, porque a forma de verificar plágio num texto escrito seguia rituais diferentes do plágio musical (baseado em acordes repetidos); no caso textual, sinônimos utilizados já obliteram a constituição de prova.

Eu não desistia, encontraria um jeito. Então, alguém deve ter comentado sobre meu intento e Sueli me chamou até sua sala ligada no modo "impaciência total e sem tempo." Antes que eu sentasse, fez duas perguntas certeiras: "Cidinha, você já viu alguém mais plagiada do que eu? Você mesma é especialista em descobrir plágios do que escrevo. Já viu?" Não, eu não vira. "Você já viu alguma dessas pessoas ir mais longe do que eu?" Também não, fui obrigada a responder. "Então deixa de ser idiota." Assunto encerrado, desisti, como vocês imaginam.

# 40. ESTAMOS DENTRO DA BARRIGA DA BESTA

ESSA FRASE DE Sueli Carneiro pode ser dita em vários tons, destaco dois: o primeiro, de constatação diante da devastação que o racismo provoca nas vidas de quem é alvejado por ele. O segundo matiz é de consternação, não temos consciência do quão grave é a situação dentro da barriga da besta, percepção aplicável a jovens que visualizam a luta racial pelo prisma da internet: tretas, cancelamentos, exclusões, *likes*, aumento de seguidores, lacração etc. Recordo do alerta de Sueli no início dos anos 1990: "A luta racial vai recrudescer e a questão é estarmos preparados, principalmente os mais jovens."

# 41. VÁ E ME TRAGA MUITAS HISTÓRIAS

CONTEI À SUELI que viajaria para Luanda, ela sorriu e me abençoou: "Vá e me traga muitas histórias. Gosto muito de Angola, você sabe, a minha filha se chama Luanda, não é?"

Fui a Luanda e a outros sítios cuidando de trazer histórias para contar a ela, "moringa vertendo ao rio, de volta, águas dum longe que o criou", como me disse tatiana nascimento.

## 42. DESFRUTE MUITO POR TODAS NÓS QUE GOSTARÍAMOS DE ESTAR AÍ CONTIGO

NÃO PUDE IR ao lançamento de um livro de Sueli porque estava no Japão. Quando informei a ela, seu comentário foi: "Desfrute muito por todas nós que gostaríamos de estar aí contigo. O Japão povoa nosso imaginário. Vou adorar ouvir os relatos, pelos quais já aguardo ansiosamente."

Sueli gosta de ver o mundo negro em movimento, gosta que a gente se aventure, desbrave espaços, rompa padrões e expectativas, que exercitemos nossa humanidade em plenitude, porque ao fazê-lo, levamos muita gente conosco.

# MOVIMENTO II
## PEDAGOGIA DO EXEMPLO

"Caixa grande, caixa pequena
bate na grande, repica na pequena"
(Cantiga do Reinado Mineiro)

À VOLTA DE 2010, assisti ao filme *Na alegria e na cebola*, um média-metragem do cineasta nigeriano Sani Elhaj Majori. Na trama, um homem africano planta cebolas na propriedade de sua família. Sozinho, ele cuida da plantação, garantidora do sustento de todos, dia após dia. O roteiro é baseado em sua rotina de preparo da terra, tais como o uso do esterco de gado para adubá-la, que diluído em água e borrifado nas plantas atua como pesticida natural. Acompanhamos na tela as ocasiões da colheita, transporte das cebolas, comercialização e contagem do diminuto lucro financeiro.

O plantador de cebolas trabalha sozinho durante horas. Crianças pequenas – uma delas talvez tenha três anos –, supostamente suas filhas, o acompanham e observam em todos os seus gestos. Elas se sentem motivadas a colaborar em tarefas leves, enquanto o fazem, apreendem o funcionamento de cada fase do plantio. É belo o momento de alegria coletiva na checagem e reconhecimento dos bons brotos a arrebentar a terra, aqueles são motivos de júbilo naquela comunidade.

De maneira orgânica, reproduzindo os gestos do homem adulto, as crianças aprendem a fazer o que precisa ser feito na atividade de agricultura e seguem a rotina de observação e pequenas participações até que chegue a hora de assumirem responsabilidade plena como plantadoras de cebolas.

Aprendi com Sueli vendo seu jeito de administrar conflitos; de manter posturas exemplares em relação ao que pregava e exigia das outras pessoas; de agir de maneira estratégica em momentos inusitados; de ser generosa, boa ouvinte, econômica e silenciosa na emissão de opiniões negativas sobre as pessoas ao tempo em que reconhecia as boas qualidades e fazia questão de destacá-las; de não temer o brilho de quem quer que fosse e, em decorrência, não ter necessidade de derrubar ninguém. Ao contrário, propunha planos para todo mundo, independentemente do que os indivíduos projetavam para si mesmos.

No quesito demonstração ostensiva de afeto, contudo, existe um modelo de mãe presente em famílias negras empobrecidas, provavelmente herdeiro do sistema de exploração escravista, ao qual Sueli se opõe. Aquelas mulheres não dispunham de tempo para educar as crias e temiam perdê-las num piscar de olhos. Perto das mães, as crianças precisavam "se comportar" para evitar irritações em escravizadores e capatazes, também para resguardar o ritmo da produção.

Essas mães e suas descendentes, herdeiras da precariedade econômica, não dispunham de tempo para educar pelo carinho, pela palavra amorosa convencional, pelo dengo. O repertório de olhares de repreensão, então, compunha o amor possível que mandava calar, sair de determinado ambiente, não se meter em conversa de adultos, não mexer em pequenos objetos na sala da casa dos outros, até mesmo não sorrir em certas situações.

Ao contrário desse cenário, Sueli desenvolveu um repertório de olhares enluarados, um jeito de se mostrar escancaradamente enternecida pelo florescimento da outra pessoa, em qualquer aspecto ou situação. Sueli se comove profundamente com o desabrochar das outras pessoas e nos contagia.

# 43. AMOR À FAMÍLIA

UMA DAS DEFINIÇÕES da personalidade de Sueli se dá pelo amor à família, pela qual ela zela em tempo integral, todavia, engana-se quem circunscreve esse afeto à família nuclear. A família estendida, tão comum nas sociedades tradicionais, é igualmente família, tanto na concepção, quanto no trato sueliano.

Meu testemunho pessoal em relação a esse tópico é vivíssimo. Embora seja impreciso na minha cabeça quando Sueli começou a me chamar de filha, tanto no círculo interno, quanto numa pequena esfera pública, o tratamento como tal, entretanto, ocorreu desde o primeiro momento.

Posso dividir com vocês dois acontecimentos significativos. Sueli resolvera se mudar, porque a casa se tornara grande e trabalhosa, talvez vazia. Ela queria uma moradia mais simples para viver, um apartamento com portaria. Eu havia passado um período fora de São Paulo, num projeto de estudos, e então Sueli decidiu que eu alugaria parte da casa dela, outra parte ela manteria como escritório. A negociação naufragou porque no meio do caminho, por outros motivos, tivemos um desentendimento enorme e a comunicação foi interrompida.

Outra possibilidade de morada surgiu para mim. De todo modo, passados alguns meses, a casa de Sueli se transformaria na Casa Sueli Carneiro e ela precisava desocupá-la para iniciar a reforma. Dessa vez, ela quis me dar um velho sofá que a acompanhara por longos anos. O sofá não se parecia comigo, nem com ela, haja vista não tê-lo levado para a casa nova. Na real, tratava-se de uma tentativa de deixar o sofá em família.

Uma medida importante do grau de familiaridade que temos é a dureza das reprimendas de Sueli. Todo mundo que é objeto de seu amor tem essa consciência.

Entretanto, existe uma diferença importante no amor devotado à família estendida em relação àquele entregue à família nuclear. Sueli é mais exigente com as pessoas que têm um papel a cumprir na luta coletiva, tanto faz se considerando a atuação política ou a ação profissional em qualquer campo. É um amor manifesto no olhar estratégico para o papel dessa pessoa num projeto coletivo de emancipação da gente negra; um amor ogúnico, baseado no entendimento da guerra, no qual cada pessoa tem um lugar estratégico a ocupar e tarefas a cumprir.

Sueli não tem problemas em dizer-nos qual é esse posto, caso não saibamos, e se nos sabemos em outro, pouco importa, ela nos contrapõe, pois tem planos detalhados para nós. Faz parte do seu jeito de amar.

# 44. MESMO AS PESSOAS MUITO DIFÍCEIS MERECEM UMA CHANCE

SE AS PESSOAS forem leais, se não chutarem cachorro morto, se apenas estiverem perdidas ou machucadas, se mantiverem o caráter, merecerão uma nova chance na cartilha sueliana.

Sueli tem a sabedoria de conviver com os seres humanos como são e com o que oferecem – me beneficiei dessa prática – e, não raro, ela espera o tempo necessário até termos o que oferecer.

Esta lição me recorda de alguns jovens que trabalharam em Geledés e tiveram sua carteira de trabalho assinada, sob o argumento defendido por Sueli de que eles eram mais vulneráveis e a carteira assinada os protegeria. Em dado momento, dois ou três desses jovens resolveram sair da instituição e entraram na justiça para obter supostas horas extras trabalhadas nos finais de semana que passaram em atividades culturais idealizadas e realizadas por eles. Ganharam. Receberam tostão por tostão.

Ocorre que a conta caiu nas nossas costas, pois todo o dinheiro reservado ao pagamento de salários foi utilizado no custeio de indenizações aos fofinhos espertalhões. Essa ocorrência, somada a outras questões administrativas, nos levou a um período sinistro, no qual recebemos meio salário. Chegamos a ficar sem receber no fim do mês e os recursos para nosso ressarcimento nunca foram conseguidos.

Os anos se passaram e durante eventos comemorativos recentes da instituição, vi essa moçada por lá, convidada a participar da organização de alguns eventos.

Lembram da lição trinta e sete? A História é maior do que a gente.

## 45. PARE DE SE DEFINIR COMO UMA PESSOA ESFORÇADA

EM FAMÍLIAS NEGRAS cujos pais nasceram antes de 1960, que experimentaram a pobreza e tiveram pouca escolaridade, é corriqueiro ouvir o adjetivo "esforçada" aplicado àquela pessoa da família mais estudiosa e que conseguiu algum destaque na escola, um emprego, a aprovação em um concurso público para funções de baixa remuneração, a conclusão do ensino médio, quem sabe uma vaga em alguma universidade.

A gente se acostuma àquilo como um elogio e, de fato, o é, pois existe uma felicidade por você ter quebrado destinos de subserviência. Os familiares têm a esperança de que essa ruptura nos traga respeito, impedindo a repetição das humilhações sofridas por eles e pela gente negra, de um modo geral.

A família, ao reconhecer meus predicados, me adjetivava como esforçada, o que não me incomodava, embora não chegasse a me agradar. Conheci Sueli, uma integrante da minha família antes mesmo de ter essa compreensão, e o termo ganhou outra conotação pela ausência, porque ela não o utilizava para falar de mim ou de tantas outras jovens merecedoras de sua amabilidade. A gente era inteligente, perspicaz, disciplinada, rápida para racionar, criativa, segura, determinada. Esforçadas, não éramos.

Passei a refletir sobre o significado dessa expressão nas famílias negras, à guisa de elogio, a partir da falta dessa palavra no vocabulário elogioso de Sueli.

O esforço pressupõe um investimento de energia e de força para superar algo difícil (lugares sociais subalternizados atribuídos à negritude) ou maior do que você (o racismo e seus tentáculos). As famílias negras desconheciam nomes para aquela situação, admiravam quem a enfrentava e conseguia vencer, inclusive com o apoio econômico e emocional que pudessem (quando podiam) oferecer.

Alcançada essa compreensão, passei a convidar amigas e amigos a abolirem a palavra esforço do repertório de elogios. Estamos convictas da vitória e da construção de um lugar na História, inspiradas por mulheres como Sueli Carneiro. As dificuldades atávicas não nos definirão.

## 46. OUÇA TUDO, RESPEITE TODAS AS PESSOAS

AO LONGO DE anos, observei Sueli recepcionando toda sorte de pessoas em Geledés, gente séria e gente fanfarrona. Ela ouvia todo mundo com interesse e respeito, mesmo sabendo das farsas. Ao final desses encontros, nem entre nós ela fazia comentários pejorativos. De vez em quando, eu reclamava da perda de tempo precioso de trabalho gasto para ouvir aquelas fábulas. Sueli, além de não me escutar, me admoestava. Seguíamos o baile.

## 47. CULTIVE O SILÊNCIO

O ZELO DE Sueli pelo silêncio assemelha-se a um provérbio iorubá: "os ouvidos de ontem podem ser a língua de amanhã". Ela ouve, prioritariamente, e evita emitir juízos de valor.

Sueli conhece a força da palavra, a vitalidade de sua própria palavra e os resultados de seu mau uso. Domina também a ciência da caça, afinal, foi Ogum quem ensinou seu irmão Oxóssi a caçar. Caçada boa se fundamenta no silêncio.

Uma relação de décadas é marcada por silêncios, interstícios. Um dos mais intensos entre mim e Sueli aconteceu no ano anterior ao desligamento de Geledés. Eu procurava por outras possibilidades de trabalho e me deparei com um processo seletivo em Brasília, uma oportunidade no sistema ONU (Organização das Nações Unidas). Analisei o edital, prospectei boas chances. Senhora de mim, entendendo tratar-se de decisão particular, me inscrevi. Não informei nada a Sueli.

Avancei nas duas primeiras etapas e fui convocada para uma entrevista presencial. Tive bom desempenho e voltei para casa esperando um chamado para trabalhar. Recebi um telefonema negativo. Não entendi.

Especulei mentalmente alguma consulta informal a Sueli: "Sueli? Como vai? Aqui é fulana do órgão tal. Temos uma pessoa de Geledés participando de uma jornada seletiva aqui." "Sim? Quem?" "A Cidinha..." "É mesmo? Eu não sabia."

Caso essa conversa tenha ocorrido, pode ter sido o suficiente para me deixar de fora. Em política, tem complicação todo o tempo, são distintas variáveis para considerar e desconsiderei o peso da camisa, a meu desfavor. Não me era permitido fazer uma mudança drástica na vida sem consultar minha superior direta, sem, ao menos, avisá-la.

Um mero silêncio intersticial pode ter operado contra meus objetivos. Mistérios. Com a publicação deste livro, certamente o tema será discutido por nós duas e, possivelmente, gerará boas risadas e ela me chamará de idiota por criar um cenário fantasioso, o de sempre. Ainda bem, tudo certo entre nós. Em política, sempre tem complicação.

# 48. NÃO DEIXE DE AJUDAR QUALQUER PESSOA QUE TE PEÇA AJUDA

AO LONGO DOS anos, assisti a diferentes pedidos de apoio recebidos por Sueli, no campo político, pessoal, econômico. Chegavam a ela solicitações frequentes de trabalho, gente desempregada, vivendo períodos de frustração profissional, a procurava diretamente, ou via mensageiros, e talvez, por isso, ela quisesse oferecer mais para ajudar a pessoa a sair do buraco. O problema é que, diversas vezes, a remuneração desses profissionais por trabalhos pontuais ou horas delimitadas era superior e desproporcional àquela atribuída a quem se dedicava à organização dia e noite, inclusive domingos e feriados.

Não creio na resolução de tudo, principalmente no aspecto econômico, mas sua atenção total às pessoas já era um alento. Apesar dos senões, ficou o aprendizado de responder a quem pede socorro com algum tipo de aceno positivo.

129

# 49. ACOLHA COM GENEROSIDADE AS PESSOAS QUE SE SENTEM REPRESENTADAS POR VOCÊ

TENHO POUCO CONTEÚDO a desenvolver sobre esta lição. Uma certeza é que generosidade é algo sobre o qual se deve falar na terceira pessoa, não sobre nossas supostas atitudes generosas.

Sueli sabia que a gente se apresenta alquebrada aos nossos ícones, nos quais percebemos uma força descomunal. Nossa mente frágil e confusa, às vezes, quer utilizar falas do ícone de maneira a manipular este verbo para reforçar nossas ideias, como acontece nas entrevistas capciosas, nas quais nossas palavras são utilizadas para robustecer opiniões de quem nos entrevista.

Mesmo mantendo uma postura generosa de acolhimento, um detalhe sueliano me balançava. Me refiro aos cuidados tomados por ela para evitar manipulações em nome de um discurso de representatividade. Ela se mantinha alerta e com uma posição firme para impedir que seu pensamento e postura política fossem manejados à sua revelia, sob pena de revelar sua ira às pessoas que, no gozo de sua confiança, fossem traídas por aquele tipo de comportamento.

# 50. SEJA ESTRATÉGICA

SUELI JOGA XADREZ o tempo inteiro, estuda os movimentos propícios para cada peça, também assiste a jogos de futebol e decodifica os esquemas táticos dos treinadores, a função de cada atleta no jogo.

Às vezes lembra uma taurina, no sentido de insistir nos propósitos que a fazem definir funções para os outros. Se é impossível alcançar seu intuito de um jeito, ela tenta de outro, e de outro, e de outro, é capaz de esperar uma vida, se for necessário, para conseguir o que deseja, sem perder o foco. Posso detectar falas suas repetidas há anos seguidos, alternando a entonação, o peso das palavras, os estados emocionais de emissão de sua voz e meus estados de escuta. É danada, e se não mantenho firmeza de objetivos, posso escorregar no sim e desistir do não, assegurador de que minha vontade se sobreponha à encantadora convocação de seu canto de trabalho – sereia afiada que é.

# 51. OBSERVE, AVALIE SE SEU ADVERSÁRIO OU INIMIGO ACUSOU O GOLPE

ACUSAR O GOLPE, para Sueli, significa mensurar o quanto de suas ações impactou o destinatário. Ele balançou? Sinalizou dor ou confusão? Tombou? Essas aferições compõem a imaginação de cenários no campo político.

Não me lembro de Sueli ter feito essa recomendação expressa em algum contexto de disputa política, mas ela fazia essa avaliação todo o tempo, utilizando-se dessa expressão, inclusive, "acusar o golpe". Eu observava e aprendia.

## 52. EVITE A TODO CUSTO A EXPOSIÇÃO DE SUAS DEFICIÊNCIAS E FRAGILIDADES AOS ADVERSÁRIOS E INIMIGOS

EXPOR DEFICIÊNCIAS E fragilidades ao adversário ou inimigo é abrir a guarda, permitir o ataque a pontos fracos, portanto, não o faça. Nunca ouvi Sueli dizendo isso, pelo menos, não me lembro, mas, de maneira recorrente, a vi se comportar assim, se resguardando.

Um aprendizado que se desdobra no tempo espiralar dessa lição é não fazer exibicionismo da felicidade ou êxito conquistados. As coisas boas são para viver, degustar, não é preciso as expor à sanha da inveja, da maledicência, do olho grande. Bom é ser feliz na intimidade, compartilhando a alegria com quem a gente ama e tem certeza de reciprocidade. Felicidade boa é para ser vivida, não para ser ostentada.

## 53. COMPREENDA QUAL É A SUA FUNÇÃO E A FUNÇÃO DAS OUTRAS PESSOAS NUMA GUERRA

TER CONSCIÊNCIA DE quem somos e de qual é o nosso papel nos processos nos lança adiante para cumprir as tarefas reconhecendo e resguardando a estatura de nossas lideranças.

A seguir conto uma história que também se enquadraria em lições anteriores. Como já passamos da metade do livro, talvez vocês façam o exercício de realocá-la. Experimentem, se acharem que é o caso.

Um amigo recente, homem de quarenta e poucos anos, provavelmente conheceu Sueli Carneiro no *podcast* do Mano Brown e como deve ter ouvido alguma notícia do meu vínculo com ela, me interpelou assim: "Cidinha, assistindo à entrevista da Sueli, ela me ajudou a entender uma questão daqui de Belo Horizonte, vivida com o pessoal do hip hop, e a gente pensou em convidar a Sueli para vir aqui conversar com os meninos. Ela soou tão acessível. Daí a gente queria ver se te explica o que a gente quer, e você faz o convite a ela por nós ou me dá o telefone e a gente fala." Eu respondi: "Tem uma coisa certa na sua formulação, a avaliação de Sueli como uma pessoa acessível, o resto está errado. Importuno Sueli raras vezes quando tenho certeza da importância da solicitação na escala de prioridades dela. Não dou o telefone ou e-mail dela sem autorização.

134

Para discussões com jovens do hip hop, há trinta anos, veja bem, trinta anos atrás, ela mandaria uma garota ou garoto do Projeto Rappers. Caso ajuizasse algum verniz teórico ou acadêmico que exigisse uma intervenção mais sofisticada, eu seria destacada para cumprir a tarefa, posto que ela, por óbvio, não iria. Por fim, quando você pensar em convidar Sueli para um projeto, mensure a natureza e a grandeza das tarefas. Pense se você convidaria a presidenta de um país, uma ministra de Estado, a diretora de uma grande empresa, a reitora de uma universidade, uma deputada federal ou senadora. Se o convite não for adequado a essas funções, a Sueli também não será."

Essa sugestão é válida para todos os desavisados que a descobriram há pouco tempo. Não são palavras suelianas, ela não as proferiria, são minhas, e tenho autoridade para dizê-las. Quem chega no rolê agora, só pode procurar Sueli para coisas grandes.

## 54. COMPREENDA QUE A LUTA TEM ETAPAS E, ESTRATEGICAMENTE, AS PESSOAS MUDAM DE FUNÇÃO, DE ESTÁGIO, DE LUGAR. EM ACORDO COM AS NECESSIDADES DA SITUAÇÃO

ESTA LIÇÃO ME ajudou a perceber que as pessoas, em determinados momentos, crescem, em outros, murcham, esvaziam, perdem densidade, capacidade de análise crítica, e por isso deixam de ocupar os papéis de protagonismo que desempenharam em períodos áureos. Essas variantes, somadas a fatores como a necessidade de perfis específicos para certas ações e a própria conjuntura, determinarão as mudanças.

Há seres que adquirem sabedoria no envelhecimento, outros são embolorados pelas ranzinzices à medida que o tempo avança.

Tem gente fossilizada nos lugares de poder e as jovens estão certas em chegar atropelando. Numa luta extensa e infindável como é a luta contra o racismo, atentar às nuances e às mudanças necessárias é condição exigida para vencer. A alternância no poder também pode contribuir para oxigenar a política institucional, inclusive nas instituições da sociedade civil.

## 55. CULTIVE E EXPLORE O QUE AS PESSOAS TÊM DE MELHOR

SUELI AJUDA AS pessoas a crescerem, se elas quiserem. Ela é também mestre em relevar erros e idiossincrasias, em manter o foco nas virtudes de quem está a seu lado ou sob seu comando. Ela as alimenta.

Sueli não joga com a pequeneza ou as mesquinharias, por isso deve ter conseguido tantos milagres com seu "incrível exército de Brancaleone" (referência do repertório cinematográfico sueliano, constantemente utilizada nos anos 1990).

O maior mérito de um técnico de futebol é saber construir um esquema tático para extrair do material humano disponível o melhor rendimento. Sueli encarna essa técnica, é também amada e isso leva suas discípulas a darem tudo de si para fazê-la sorrir. É um exercício de reciprocidade.

## 56. SE UMA AÇÃO RESULTA EM GANHOS, VITÓRIAS OU LOUVORES, A CONQUISTA É DA PESSOA LIDERADA, RESPONSÁVEL PELO ATO. SE HOUVER FALHA, DERROTA OU FRACASSO, A RESPONSABILIDADE É DA LIDERANÇA MAIOR

DURANTE OS TREZE anos seguidos de trabalho em Geledés, falhei duas vezes, no máximo três. A falha mais grave, em minha percepção, foi um livro que não logrei escrever. Não consegui porque carregava um mundo de responsabilidades, parte delegada por Sueli, e outra, fruto da minha criação. Escrever o livro demandava um tempo especial de dedicação. Derrapei. Abatida, comuniquei a Sueli o não cumprimento da tarefa, para a qual eu mesma me oferecera com o coração em festa. Ela apenas ouviu, não vocalizou palavras de apoio, mas não me criticou, nem repreendeu, talvez por compreender que aquele objetivo inalcançado correspondia a dezenas de outros realizados com louvor. Ignoro como ela resolveu a questão, mas o livro não foi feito por outra pessoa. Ela produziu algum tipo de justificativa para a agência financiadora, com provável foco em todo o trabalho realizado, apenas não documentado no livro proposto, ou seja, ela me protegeu e assumiu toda a responsabilidade pela resolução do problema.

## 57. RESPEITE OS LIMITES DAS PESSOAS

QUANDO FUI ELEITA para a presidência de Geledés, aos trinta e quatro anos, Sueli me chamou para uma conversa séria: "Você é a segunda lésbica que preside esta instituição e, até hoje, não tivemos uma posição forte e demarcada em relação ao tema da orientação sexual. Geledés espera isso de você e as feministas do lado de fora também. Queria saber qual é o seu plano, qual será a sua postura?" "Precisaremos esperar a terceira lésbica na presidência para ter esse plano", respondi. "Não entendi, Cidinha. Você está brincando ou está falando sério?" "Falo sério, seríssimo." "E por quê?" Continuando, disse que o tema central para mim é a luta contra o racismo, esta, a razão de eu estar ali. "Sou lésbica e todo mundo sabe, nunca me escondi, não vivo dentro do armário, portanto, não preciso sair dele, mas não tenho discussão política acumulada sobre o tema e ele não é meu foco de interesse, nem para aprender e mudar de posição. Obviamente, considero a orientação sexual politicamente relevante, apenas não tenho fôlego para abrir outra frente de intervenção política pela qual terei de me responsabilizar. Já tenho responsabilidades em demasia e quero continuar fazendo bem o que faço."

Noutra situação, Sueli me chamou para uma tarefa grande, uma das maiores atribuídas a mim. Ela sabia como me sentia valorizada nessas ocasiões e me convocou: "Cidinha, preciso de você para fazer uma disputa política para Geledés." Contestei de pronto: "Certo, quem tá no páreo?" No curso da conversa já percebi complicações, pois ela não citou nomes, divagou sobre o teor da investida e tal. Fui compreendendo, tijolo por tijolo, e para confirmar meu entendimento, perguntei com quem exatamente era a disputa. Ela corroborou minha suspeita num tom de simplicidade e obviedade.

"Cê tá doida?", reagi, "não vou!" "Eu não estou doida, e por que você não iria? Estou dizendo, preciso de você." "Não vou porque não dou conta, porque não tenho estatura para disputar nada com essa pessoa." "Ah, Cidinha, me conta uma novidade. É lógico que você não tem, mas não é você, tira o olho do seu umbigo, quem vai disputar é a organização." "Eu não vou, já falei. Arranja outra, não vou me expor a esse ridículo." "Cidinha, não se trata de você, a disputa é com Geledés." "Eu não vou." "E por que você não vai?" "Porque tenho tanto respeito pela pessoa em questão quanto tenho por você. Sem chance. Nunca disputaria nada com você..." "Lógico que não, Cidinha, você não é idiota." "Não sou idiota, nem burra. Eu sei o que está em jogo. Arruma outra."

# 58. SEJA FLEXÍVEL, MAS NÃO SE DOBRE. NÃO SE CURVE

NA VIDA é importante diferenciar a flexibilidade necessária para pelejar com as pessoas das tentativas de manipulação de nossa vontade pelos interesses e expectativas dessas mesmas pessoas. Um aprendizado importante neste tópico é: a flexibilidade pode caminhar lado a lado com a exigência, não são modos antagônicos.

Aprendi muito observando as respostas de Sueli aos chamados constantes para embarcar em canoas alheias como se fossem dela. Notava o quanto isso acontecia nas tentativas de utilização do nome dela para referendar projetos travestidos de coletivos, mas que eram, na verdade, iniciativas individuais ou de fortalecimento de uma pessoa em determinados cenários. Ela demonstrava flexibilidade para ouvir e firmeza para dizer não.

141

## 59. NÃO TEMA O BRILHO DE NINGUÉM

FILHAS DE OGUM não temem o brilho de ninguém. Nunca presenciei medo em Sueli, seja do tamanho, seja do brilho de quem quer que fosse, tanto pela consciência da sua própria envergadura, quanto por ter planos para todo mundo, por definir funções para cada pessoa em seu tabuleiro de enxadrista.

Ao longo de nossa história, as discordâncias em relação à forma como certas lideranças conduziram suas vidas, aquilo que consideravam sucesso, coroamento de carreira etc., foram frequentes. Eu tendia a concordar com os caminhos delineados por elas para si mesmas. Sueli desenhava outros projetos para elas, invariavelmente orientada pelo propósito coletivo maior, e chegava a achar que estariam em melhores condições se seguissem o planejamento sueliano.

Guardamos nossos impasses, permanecemos enraizadas nesse ponto da compreensão sobre o fazer político, cada uma com sua raiz. Eu ainda acredito que cada pessoa possa definir para si mesma suas escolhas. Já para Sueli, a mensuração de seu compromisso com o projeto coletivo também se forja no reconhecimento da importância da função de cada pessoa para o cumprimento de tal, muitas vezes a despeito de quereres individuais.

Permaneceu em mim o que importa, o aprendizado de não temer o brilho de ninguém, de não buscar a mediocridade ou a fragilidade para fugir à ameaça do fulgor alheio.

## 60. NA LUTA POLÍTICA, AS PESSOAS E AS RELAÇÕES DEVEM SER TESTADAS EM DIFERENTES SITUAÇÕES

ESTA FOI A lição mais fatigante no Método SC, os testes, os testes, os testes. A vida está em movimento, as pessoas, as estações. A impermanência move o mundo das relações e os testes infinitos pareciam objetivar a certificação da confiança de Sueli e a firmeza de propósitos da pessoa testada diante das seduções do mundo.

O teste, durante a formação política, oferece chances para ativistas políticos demonstrarem envergadura nas situações atípicas, conflituosas, nas quais a grandeza se sobressai, segundo advogava Sueli.

A gente é testada na política o tempo inteiro. Vivi situações com pessoas próximas, embora não fossem amigas, que ao saberem de minha saída de Geledés, salivavam à espera de grandes revelações, talvez um show de baixarias e vísceras expostas. Não deixei que isso acontecesse. Dor e insegurança diante do futuro a gente compartilha com amigas, não com companheiras de jornada. Havia me encouraçado e trocado de pele tantas vezes para sobreviver aos serpentários do caminho que eu era o meu próprio antídoto e compreendera a necessidade do silêncio para distinguir os sons da mata.

# 61. ONDE COME UM, COMEM DOIS

NOS ANOS DE permanência em Geledés, assisti e fui impactada por uma interpretação singular de Sueli Carneiro desse ditado popular de solidariedade, fartura e grandeza, mesmo na escassez.

Sueli aplicava um princípio meio socialista, no qual você não era remunerada pela experiência acumulada, pelas qualificações, pela gravidade das responsabilidades, mas de acordo com sua necessidade. E o dinheiro era otimizado porque tinha muita gente precisando.

Antes de fazer algumas considerações sobre a questão da captação e gestão de recursos nas ONGs negras dos anos 1990 até meados de 2000, me deterei numa curiosidade que talvez lhes tenha assaltado. Como Sueli lidava com o próprio salário? Da forma mais franciscana possível, lhes asseguro.

Os salários de Geledés eram baixos, o orçamento da organização era pequeno, embora o trabalho fosse grandioso. Nesse aspecto, me lembro de uma formação técnica numa fundação apoiadora, por volta de 2003, na qual representei a organização. Fomos divididas em grupos de cinco organizações para avaliar a média de orçamento anual do grupo, ou seja, somavam-se os cinco orçamentos e dividiam-se por cinco.

145

Integrei um conjunto de ONGs paulistanas (todas brancas) e por conta do baixo orçamento de Geledés, a média do grupo despencou e ficamos em penúltimo ou último lugar no ranking, atrás de ONGs cariocas (performance inadmissível para paulistas de quatro costados).

Os coleguinhas de grupo ficaram chateados e não disfarçaram o descontentamento por eu ter brotado no grupo deles. Na hora do recreio, ninguém queria ficar perto de mim e me olhavam com cara de pitbull pronto para o ataque. A cara me assustava, porque você não sabe o que se passa na cabeça de um cachorro raivoso e hostil, mas o fato de quererem ficar longe de mim era um alívio, pois nossos mundos eram incompatíveis.

Cumpre salientar que o caminho das ONGs negras, no qual Geledés foi uma das precursoras, junto com o CEAP (Centro de Articulação das Populações Marginalizadas, do Rio de Janeiro), foi o de profissionalização, uma década depois do ressurgimento dos movimentos sociais na cena pública, antes silenciados pela ditadura civil-militar de 1964. Desse modo, a rearticulação dos movimentos sociais ocorreu no final dos anos 1970, através das greves dos sindicatos de metalúrgicos do ABC Paulista, do movimento de professoras e professores do ensino básico em vários estados da federação, do surgimento dos blocos afro na Bahia – antes até, em 1974 – e da criação do MNUCDR (Movimento Negro Unificado Contra a Discriminação Racial), em São Paulo, entre outras movimentações.

As ONGs negras eclodiram na segunda metade dos anos 1980 como um braço especializado do Movimento

Social Negro, ancoradas por profissionais e esforços vetorizados, em diálogo com o poder público, empresas, órgãos de classe, no sentido de ultrapassar a etapa necessária de denúncia do racismo para produzir rotas de enfrentamento que pudessem desembocar em políticas públicas. Tenho alguma produção textual sobre a temática, escrita nos anos 1990.

A preocupação com o dinheiro, então, ao contrário do que muitos militantes pensavam, era a de ter gasolina para funcionamento do motor, apenas. Garantir bons salários ou mesmo remuneração justa não era uma inquietação daquele momento.

Assim, Geledés vivia numa espécie de limbo por ser uma ONG negra de baixo orçamento, que remunerava mal as suas profissionais, orbitando um campo de ONGs brancas (de dotações robustas, quando não, ricas) e do Movimento Social Negro, que atuava com recursos próprios. Sem dúvidas, uma equação difícil para Sueli resolver, mas o certo é que onde comia uma, comiam duas, disso ela não abria mão.

## 62. SEJA GENEROSA

SUELI NÃO FAZ alarde de generosidade e só utiliza essa palavra para falar sobre outras pessoas, não existe hipótese de utilizá-la de maneira autoelogiosa.

Seja na política, seja na família, seus principais campos de ação, Sueli está a postos para apoiar sonhos e talentos, sem sentimentalismos. Ela gosta de conhecer as motivações de seus pares e, para alcançá-las, formula perguntas, às vezes duras, pelo gosto de ajudar a pessoa a entender o que realmente quer.

A generosidade de Sueli é prática, resolutiva, não é piegas. Transita entre a palavra e o gesto, a crítica e o sorriso de enlevo e orgulho, entre um olhar enluarado diante de uma beleza e o seu oposto, um olhar de quem não gostou ou que avalia francamente um escorregão.

Uma história sabida sobre a generosidade de Sueli Carneiro é a abertura de sua casa, onde viveu por 40 anos, para todas as ativistas políticas que passavam por São Paulo, para quem enfrentava perseguição policial ou outra em seu local de origem, bem como para encontros políticos ou confraternizações. Ali, no sofá da casa de Sueli, pessoas choravam, confessavam o medo de perder a vida, de que filhos ou outros entes queridos fossem atingidos, e encontravam em Sueli escuta diligente e solidária, uma palavra de conforto, um café e a mobilização de todas as forças e estruturas possíveis para ajudar.

Lembro-me de uma velha militante do Movimento Negro, hoje, octogenária, ter contado sobre o mestrado em São Paulo, nos anos 1980. Ela não conhecia ninguém e precisaria de acolhida no primeiro momento. Procurou por Sueli, a quem conhecia pouco e expôs a situação. "Conte com o quarto da minha filha", foi a resposta.

Comentei o caso com Sueli. Ela não se lembrava, mas asseverou em tom imponente: "Era o mínimo a fazer, uma mulher negra vinda do Nordeste para fazer pós-graduação naquela época, sozinha nessa cidade, numa faculdade branca e cara como a PUC (Pontifícia Universidade Católica)."

## 63. TENHA CURIOSIDADE PELO NOVO

O SORRISO MAIS genuíno de Sueli acontece quando uma pessoa jovem cintila. Se alguém com idade para ser sua neta discute questões de maneira horizontalizada, tendo ideias próprias, ela vibra. O novo a encanta.

Ogum se consagra, pois a tecnologia se nutre da inovação, da descoberta, dos lances ousados e desafiadores, das novas formas de fazer política, arte. O novo nos tira dos lugares preestabelecidos, revolve a terra acomodada e abre espaço para a criatividade.

# MOVIMENTO III
## LIÇÕES DO TEMPO ESPIRALAR

"Tempo rei, ó tempo rei
Transformai as velhas formas do viver
Ensinai-me, ó, pai, o que eu ainda não sei"
(Gilberto Gil)

OS SENTIDOS DA formação pelos gestos e palavras de Sueli Carneiro foram se tornando compreensíveis para mim com o passar dos anos. São inúmeros ensinamentos ao longo das oitenta e uma lições deste Método. Muito do que eu imaginava ter aprendido noutros cantos, foi Sueli quem me ensinou, contudo, eu ainda estava imatura para compreender isso, então atribuía o ensinamento a pessoas achegadas que me orientavam no momento exato em que o entendimento acontecia.

Um bom exemplo é que eu atribuía ao Taata querido, Mutá Imê, a necessidade de compreender minha própria natureza e de aprender a manejar complexidades, idiossincrasias e paradoxos. Esse ensinamento, vocalizado pelo Taata durante um jogo de búzios, à volta dos meus trinta e cinco anos, foi, sim, ministrado por ele, mas, de fato, eu já havia me deparado com a lição, sem identificá-la como tal, quando Sueli acolheu minhas dores, revestidas em uma altivez machucada que soava à arrogância – e talvez fosse. Ela abraçou meus sonhos de liberdade e todos os paradoxos agravados pela juventude. Sueli abrigou minha natureza e ancorou meu caminho de compreensão de mim mesma.

## 64. COMPREENDA SEU ORIXÁ E EXERCITE SUA NATUREZA

APRENDI A VIVENCIAR minha natureza xangônica observando como Sueli vivencia sua natureza ogúnica. É libertador compreender orixá em nós, por conseguinte, em nossa natureza – conscientes, obviamente, de sermos responsáveis por nossas falhas, imperfeições e desvios de caráter, pois nada disso tem a ver com orixá. Sueli é Ogum na Terra. Ela prescindiu de um título de presidenta para presidir Geledés, assim como Ogum, que não se encantou com a coroa de rei e designou um de seus filhos para reinar em Irê. Ela nunca precisou de título porque sempre foi a autoridade maior. Simples assim.

## 65. CENTRALISMO DEMOCRÁTICO ENTERREIRADO

NOS PRIMEIROS TEMPOS de Geledés, a assertividade feroz de Sueli me emparedava entre o choque e o encantamento. Para aliviar a pressão, ela disfarçava em tom zombeteiro: "Nosso regime interno é o centralismo democrático", e discorria sobre organizações negras vocacionadas para mobilizar as massas e outras, especialistas na formação de quadros, como Geledés.

Ao longo do tempo, compreendi que o modelo de concepção e gestão das organizações negras surgidas antes de 1990 era semelhante à forma associativa dos terreiros de candomblé, grupos de capoeira e outras organizações tradicionais negras, ou seja, a condução era feita por uma liderança central que tratava de distribuir o poder.

Desse modo, lidávamos com uma engrenagem mais complexa, dinâmica e humanizada do que o centralismo democrático emprestado da Ciência Política. Tratava-se de uma regência política enterreirada – noção emprestada das sínteses filosóficas de Wanderson Flor do Nascimento, o Taata Nkosi Nambá –, na qual a política dura do centralismo democrático era nuançada por marcadores como: o onde come um, comem dois; a natureza de orixá regendo relações interpessoais; a presença marcante da família; o silêncio; o sentido de fazer para os que virão;

a criatividade; o não chutar cachorro morto; o respeito à envergadura das criaturas, o investimento nelas, a despeito dos descompassos e descaminhos; a manutenção da lealdade acima de tudo e o cuidado com a volta da cabocla; lutar e produzir com galhardia e excelência; compartilhar sucessos; exercitar crença ativa nos sonhos. Esse era o centralismo democrático enterreirado de Sueli Carneiro.

# 66. DÊ CORDA E AVALIE OS RESULTADOS

OS INFINITOS TESTES do Método SC oferecem duas opções à pessoa testada, a primeira é o espaço para convencer Sueli pelas boas atuações. A segunda é capitular e usar a corda para se enrolar, no caso de blefes ou indignidades.

Vivenciei esta lição nos primórdios de minha chegada a São Paulo. A diretora com quem eu trabalhava em Geledés me chamou para uma conversa com ela, acompanhada por Sueli. Ela me perguntou se eu possuía passaporte. Eu não tinha. Segundo ela, precisaria providenciar logo para viajar aos Estados Unidos. Olhei para ambas e não manifestei outras reações além da incompreensão: "Fazer o que nos Estados Unidos?", perguntei. "Para me representar. Eu preciso apresentar um trabalho e não poderei ir, então você me substituirá", explicou a chefe. Agradeci, eu não falava inglês. Ela foi categórica, treinaria comigo, me habilitaria a ler o texto, uma coisa pequena. Para interagir com as participantes do seminário, eu me viraria com um pouco de inglês, espanhol e português. Comecei a achar esquisito aquele encargo e decidi ser explícita, me desculpei e me expliquei novamente, eu não sabia uma gota de inglês. Irritadiça, a diretora insistiu que confiasse nela, pois me ensinaria o inglês necessário. Não me lembro se fiquei desestabilizada com a intimidação, recordo ter insistido na impossibilidade de cumprir a designação.

Sueli ficou muda. Ignoro qualquer tipo de combinação entre elas, algum teste acordado. Talvez a outra diretora quisesse checar se me compraria com a moeda do deslumbramento. Nunca saberei sua real intenção, entretanto, o olhar silencioso de Sueli observando a cena ficou registrado e me lembrou outra lição aprendida em casa, quando criança: "Esmola, quando é demais, o santo desconfia."

## 67. NÃO SE ACHE MAIS IMPORTANTE DO QUE VOCÊ REALMENTE É

SUELI É ESPECIALISTA em baixar a bola da gente, em colocá-la no chão e esperar a pessoa dominá-la, melhorar o passe e armar o jogo. Assim, temos chance de compreender nosso próprio tamanho, virtudes e fragilidades, para evitar cabeçadas e ferimentos desnecessários. A ilusão causada pelas luzes da ribalta e o peso da camisa são frequentes e, por vezes, nos oferecem imagens desfocadas de nós mesmas.

No Método SC, a empolgação com ações supostamente inaugurais, rotineiramente é arrefecida com baldes de água fria. A mim, ela insiste em advertir até hoje: "É, tem mais gente fazendo o mesmo", ou seja, não sou a única, nem a primeira.

Outro aspecto relacionado a esta lição é compreender a gravidade de delegar funções e tarefas às pessoas certas, pois há pessoas que não funcionam quando dirigidas e, no caso dessas, o rendimento será maior se puderem atuar com liberdade de criação. Sueli é sagaz na distinção dessas habilidades em todas as colaboradoras, ou seja, ela decodifica quem funciona bem sob orientação firme e quem rende melhor quando joga com liberdade para criar. Ela também se beneficia de um magnetismo pessoal intenso que nos prende em sua órbita.

# 68. NÃO INSUFLE OS CIÚMES DOS OUTROS

UMA DAS CARACTERÍSTICAS mais admiráveis do Método SC é a forma serena da mestra em gerenciar os ciúmes de quem a ama. Ela não se deixa manejar, mas também não alimenta o fogo dos ciúmes de ninguém, tampouco joga umas pessoas contra as outras. Ela recebe o amor de todas e administra os ciúmes procurando não mostrar preferências. Ela quer mesmo é granjear o amor de todas, elevado à enésima potência.

# 69. SOBREVIVE AO RACISMO QUEM CONSEGUE SE ANTECIPAR A ELE

A CONVIVÊNCIA COM Sueli me ensinou que desenvolver a capacidade de antecipação ao racismo permite, inclusive, o enfrentamento de sua mutabilidade, sua capacidade inesgotável de se reinventar, sofisticar e sofismar os mecanismos de opressão e desumanização das pessoas-alvo. Antecipar-se é entrar na casa de máquinas do sistema racista e entender como a engrenagem se conecta.

Quando conseguimos decodificar a operacionalidade do racismo, nos antecipamos e aumentamos as chances de sobrevivência, quiçá, de conseguir viver, a despeito dele.

As dificuldades serão grandes porque o desenvolvimento dessa habilidade conduzirá a branquitude a nos chamar de "loucas", "vitimistas", "enraivecidas", "identitárias", "maníacas persecutórias", "neuróticas", entre tantos outros estratagemas do racismo mutante articulados para nos calar. A nós, só resta a sofisticação de nossa habilidade de antecipação, em nome da garantia de nossa própria existência.

Escrevi a crônica "Exu não é gratiluz", publicada no jornal curitibano *Rascunho*, na qual exercitei minha capacidade de antecipação ao racismo como resposta a uma situação de discriminação racial escancarada, como indico a seguir:*

---

* Disponível em: www.rascunho.com.br/cronistas/cidinha-da-silva/exu-nao-e-gratiluz/.

A psicanalista do Sul contava, cheia de autoridade branca travestida de candura, que ouvira de um filósofo da Paraíba muito legal (nordestino, vejam), depois de pedir licença às africanidades, pontificou que Benjamin, o filósofo, era um Exu.

Não houve debate. Por que não dizem que fulano de tal é Jesus Cristo, com as devidas escusas do cristianismo? Porque o respeitam. Exu é uma divindade, um orixá, e como tal, um filósofo branco não pode ser Exu, e fazer essa afirmação é uma forma de diminuir Exu. Esse tipo de correspondência é possível porque o consideram episódico e manipulável, passível de desterritorialização em proveito dos que desde a invasão colonial usurparam nossos saberes, roubaram nossos artefatos e escravizaram nossos corpos.

"Não, nada disso. Eu discordo. Exu é uma energia, da forma como eu sinto, como percebo, ele é uma energia."

"Exu é um orixá, não é amostra grátis de cartilha gratiluz."

"Exu é uma energia."

"Exu é um orixá."

"É uma energia."

"É um orixá."

"É uma energia."

"Quem és tu para dizer o que é Exu?"

"E tu, quem és?"

(Gargalhando exunicamente) "Eu sou negra, sou herdeira da cultura africana que forjou Exu. Tenho história, cultura, ancestralidade, e na minha cultura negra, Exu é um orixá. É assim que aprendi e assim é, não porque eu deseje, mas porque isso é fruto de um conhecimento histórico e de uma memória ancestral."

A professora negra, responsável pelo curso, não fez comentários, ela era compromissada com a harmonia do grupo multirracial. Eu não. Também não era bolsista, a quem a branquitude podia requerer um comportamento menos participativo ("agressivo") em benefício dos pagantes, além disso, meu ouvido não era penico.

A colega continuou:

"Você é muito grosseira e autoritária, na minha piração, no meu jeito de sentir, Exu é uma energia."

"Olha, você pode pirar na casa do caralho, mas deixa meu Exu em movimento na encruzilhada da cultura negra, porque Exu não é bagunça."

"Arrogante! Exu não é seu."

"E seria seu, sinhazinha? Sim, Exu é meu, é da cultura que eu pertenço e que forjou a ele e a mim. Não vou discutir sentimentos brancos sobre meu Exu. Ele é preto, africano, é patrimônio da minha gente, e você quer transformar em produto gratiluz a serviço das suas pirações de branca rica que se diverte com a cultura negra. Desse modo vocês fizeram com o samba (as cantoras de samba que vocês reconhecem e que ganham dinheiro hoje são brancas), com a macumba, com o candomblé, com a capoeira. Conheço como vocês operam com a nossa cultura para engordar a própria conta bancária.

Teorizar a partir de Exu virou modinha, não é? Entretanto, entenda, Exu não é e não será o que a sua colonialidade branca deseja. Exu é um orixá preto, não é ferramenta para brancos se intitularem desconstruídos, esse é o início da conversa. Se isso não estiver suficientemente compreendido, não tem conversa. Não bato boca com quem não tem patente nessa guerra."

# 70. SAIBA RECONHECER O MELHOR QUE UMA PESSOA TE OFERECE E CULTIVE ISSO, MESMO NÃO SENDO O QUE VOCÊ QUER, ESPERA OU PRECISA

ESTA É UMA das lições do Método SC adequada a qualquer manual de autoajuda, mas, considerando a luta política, seus ardis e artimanhas, compreendê-la é ser efetivamente estratégica.

Vejamos: uma pessoa humilhada ou diminuída não é uma pessoa feliz. Ao contrário, uma pessoa respeitada, valorizada, além de ser aberta à alegria, tende a ser colaborativa porque ela se vê nos feitos e reconhece o valor de suas contribuições. Há chefias que tentam seduzir e fidelizar os coordenados por meio de concessões, indicações, mimos e pequenos prêmios. Alcançam o nível do adestramento, da aquiescência acrítica para garantir uma fonte de renda, o toma lá dá cá dourado de envolvimento no trabalho e colaboração com o coletivo, apenas.

Grandes lideranças, por sua vez, investem na dignidade humana, não no ego adoecido de quem se sente a última pessoa na fila do pão, porque, na verdade, quem é grande quer acabar com a fila do pão.

Jamais senti ou presenciei cobranças de Sueli feitas pelo prazer de achatar, de demonstrar que as pessoas dependiam dela ou daquele trabalho e renda. Também desconheço o uso de manobras e pirotecnia verbal para compensar uma autoridade capenga, sustentada pela submissão à chefia.

Na nossa relação, o fato de sabê-la conhecedora e cultivadora do meu lado criativo e eficiente, me sentia convocada à produção competente, inclusive na parte do trabalho que me desagradava, indo além de simplesmente fazer o que precisava ser feito. Isso me levava a uma prática de lealdade fundamente alicerçada na admiração.

# 71. A FÚRIA É BANTA

CONSEGUI ENTENDER A fúria como parte do processo constitutivo das mulheres negras, depois de completar quarenta e cinco anos. Ali também passei a integrar a legião das furiosas. Talvez cheguemos a esse estágio como uma forma de libertação do cansaço das batalhas ininterruptas e das imposições que querem nos impedir de existirmos plenamente. Quem sabe seja a consagração de um momento de crisálida, quando as borboletas furiosas se tornam mulheres negras.

Uma historinha para ilustrar. Havíamos terminado uma sessão do Tribunal Winnie Mandela (julho ou novembro de 1988) e, provavelmente, fomos jantar no Sujinho da Consolação, o original. Sueli estava muito agitada, gesticulava, falava alto, fazia silêncios temerários, dos que antecedem as bombas. Alguém cochichou, talvez Solimar Carneiro, e Sueli socou a mesa: "Eu vou 'matar' ela; eu 'mato' essa cretina, o que ela está pensando? Que vai boicotar meu evento e vou deixar barato? Eu vou 'matar' ela." Sônia Nascimento, uma das fundadoras de Geledés, tentava chamá-la de volta à racionalidade. O restante do povo olhava, fazia comentários laterais e as expressões demonstravam temor de se tornarem o próximo objeto da ira de Sueli. Pelo que pude depreender, alguém do próprio grupo havia descumprido determinações na área de comunicação com a imprensa e isso deixara Sueli furiosa.

Minha reação foi de susto e encantamento. Ao longo da vida, a fúria de Sueli autorizou meu próprio espírito bélico.

# 72. NÃO ABRA ESPAÇO COM OS COTOVELOS

SUELI TEM UM gesto que adoro, um jeito de levantar e abaixar os cotovelos, como criança imitando o cocoricó de uma galinha. Ao movimento se soma uma careta e, às vezes, um acerto dos óculos no rosto, antes de declarar desaprovação a quem caminha com os cotovelos, ou seja, quem vai se ajeitando aqui e ali aos cutucões (às vezes, às pancadas) para afastar gente e obstáculos.

Nós duas investimos na segurança em usar a própria cabeça, os pés e as mãos para enfrentar os vendavais e chegar aonde queremos ou precisamos chegar.

Certa feita, trabalhei num cenário de movimentações cotoveliais frequentes, no qual era responsável pela administração de volume significativo de dinheiro. Eu era subordinada a uma chefia bastante personalista. Ela cortava desembolsos de certos projetos, aumentava os valores de outros a seu bel-prazer e as reclamações da ponta (um pessoal forçado a admitir práticas autoritárias pela falta de dinheiro para a realização do trabalho) paravam em mim, responsável pelos repasses.

Numa dessas reuniões, a chefe sugeriu a transferência de recursos de um projeto de carnaval para Geledés. Imbuiu-se de boas intenções diante da situação financeira precarizada dessa organização. Convoquei meu espírito angoleiro mais ágil para um jogo de dentro perigoso, pois a faixa de terra firme entre a areia movediça e o despenhadeiro era pequena e diminuía progressivamente. Raciocinei rápido e me comportei como se estivesse diante de uma situação aceitável: "Não me parece possível, Geledés nunca trabalhou com carnaval." "Pena, tentei ajudar", ela respondeu, matreira.

No curso dos dias decantei o quão grave havia sido aquilo e resolvi desfazer o vínculo de trabalho porque me sentia em perigo. Tão logo encontrei Sueli, expus todo o contexto ardiloso do qual decidi me desvencilhar e contei o caso da tentativa de transferência indevida de recursos.

Sueli, vocês já imaginam, foi tomada pela fúria banta e queria "matar" a criatura (estávamos no mesmo evento em São Luís do Maranhão). Me senti a própria Tartaruga Ninja nos movimentos seguintes para contê-la. Saltei da cama do quarto de hotel onde estávamos sentadas e protegi a porta de braços e pernas abertos, voltada para ela: "Sai da minha frente, Cidinha. Eu preciso 'matar' ela", me dizia com a voz alarmada e olhos saltados. Consegui acalmá-la, finalmente. Ela desistiu de sair, mas esbravejou pela meia hora seguinte. Por medida de segurança, me mantive próxima à porta trancada.

# 73. NO FIM DAS CONTAS, É TUDO NO SEU NOME

ESTA, COMO OUTRAS lições deste Método, trata da responsabilidade, da qual não podemos nos furtar. A gente passa boa parte da vida recebendo a atribuição de encargos. À medida que a maturidade chega, a rotação dos ponteiros muda e a gente compreende: é tudo no nosso nome, a responsabilidade está sobre nossos ombros.

Sueli já nasceu amadurecida. Parece que desde criança ela bate no peito e afirma "é tudo no meu nome". Conhecendo-a bem, penso que isso não foi algo carregado como fardo. Embora fosse um artefato denso e volumoso, como a fantasia da ala das baianas das escolas de samba, pesava o necessário para compor a beleza do enredo, e ela, como as baianas, evoluía na avenida como se vestisse plumas.

O ano era 1998 e a Declaração Universal dos Direitos Humanos completava cinquenta anos. Geledés seria homenageado na França e receberia um prêmio em reconhecimento ao trabalho desenvolvido, entretanto, era preciso produzir um documento em resposta a questões formuladas pelos organizadores da premiação e um consolidado das ações da organização no campo de Direitos Humanos.

Sueli me perguntou se eu poderia preparar o documento. Faltavam dois dias para a submissão dos papéis.

Provavelmente ela se esqueceu de me repassar a tarefa em meio a tantos afazeres mais vitais.

Li o formulário e respondi: "Faço, mas não consigo preencher tudo sozinha, preciso de alguns subsídios. Numa conversa de no máximo duas horas contigo, resolvo." "Tudo bem", foi sua resposta enfadonha, cujo significado era: "se não tem outro jeito, vamos lá perder tempo". Naquele dia, ela estava ocupadíssima. Marcamos para o dia seguinte, à noite, véspera da data de entrega.

Eu também tinha muito a realizar e não consegui adiantar a tarefa, precisava dar conta de outras. Fui para a casa de Sueli com um roteiro de perguntas, conversamos e fiz anotações diversas. Saí de lá por volta das onze horas da noite. Cheguei em casa, tomei um banho para despertar e escrevi até as quatro da manhã. Dormi até as sete e retomei a escrita. Concluí às dez horas, revisei e imprimi.

Por volta de meio-dia, cheguei ao Geledés e entreguei o documento a Sueli. Ela o recebeu com cara enluarada, "você fez!" "Lógico. Eu me comprometi" (aproveitei para tirar onda). Ela riu, jogando a cabeça para a esquerda e a direita.

Na semana seguinte, ela me chamou à sua sala para comunicar o resultado, Geledés receberia o prêmio. "Legal, mais alguma coisa?", perguntei para ser liberada e voltar ao trabalho. "Tem uma complicação..." "Putz, teve furo? Vou precisar refazer?" "Nada, tá tudo certo, mas o governo francês só mandará duas passagens, uma para a Sônia, a presidenta, e mais uma diretora. Você concorda que eu devo ir, não é?" "Sim, lógico, não entendi onde está o problema." "Não tem passagem para você, Cidinha, mas eu vou arranjar. Pode deixar." "Passagem para mim, para Paris?" "É!" "Eu vou fazer o que lá?" "Ah, Cidinha, receber o prêmio. Você escreveu o projeto, certo?" "Sim, escrevi, mas quem te falou que eu quero ir?" "Ah, não, você não quer?" "Eu? Viajar com você e com a Sônia? Duas chatas de galocha e ainda viagem oficial ao mundo chique dos franceses. Deus é mais." "Ora, veja, o sujo falando do mal lavado." "É sério, não tenho roupa, sapatos, nem dinheiro para gastar nesse tipo de viagem." "A gente te empresta." "Deus me livre e guarde, quero não. Podem ir, não se preocupe comigo."

# 74. SAIBA AGRADECER

SABER AGRADECER é arriar um ebó de cura.

Sueli me conta, como quem não quer nada, que as toalhinhas de mão do banheiro de sua casa foram bordadas por integrantes de um projeto de Geledés com mulheres em situação de violência. O trabalho tem sido uma ferramenta fundamental de reconstrução daquelas companheiras. Ela é só agradecimento a elas pela possibilidade da organização cumprir sua missão institucional ao trabalharem juntas.

No segundo ano da pandemia, Sueli me agradeceu e me reverenciou ao me ajudar numa situação limite com o oferecimento de trabalho bem remunerado e um posto de direção na Casa Sueli Carneiro. Eu estava angustiada e cheia de ódio por precisar aceitar todos os trabalhos, inclusive os absurdos extrativistas propostos por contratantes que antes da pandemia pagavam X e durante a pandemia passaram a pagar a metade pelo mesmíssimo trabalho. A princípio, rejeitei a oferta generosa por conta do vínculo de trabalho e da redução do tempo para escrever, tempo que, em realidade, não existia, porque a vida era correr atrás de dinheiro. Superados vinte dias de volta à falta de tempo mental para criar, telefonei e aceitei o oferecimento de trabalho que outra vez salvou minha vida.

Tão importante quanto as condições de trabalho, Sueli determinou que "as portas da Casa Sueli Carneiro e as portas de Geledés estavam abertas para mim." Como esperado, ela o fez detalhando todas as conquistas geledianas como organização madura, que solucionou problemas atávicos e construiu uma estrutura sólida para a organização permanecer no tempo, numa singela demonstração de poder e, também, de agradecimento, porque todas nós sabemos o quanto fui importante nos primeiros anos da organização.

Sueli, ao manter as portas de suas casas abertas para mim, me proporciona uma das maiores alegrias da vida, pois vencemos juntas o tempo das adversidades.

## 75. OS ENCAMINHAMENTOS E AS DECISÕES DAS MAIS VELHAS PODEM TER FUNDAMENTOS QUE VOCÊ NÃO ALCANÇA

EU ME PERGUNTAVA por que Sueli resolveu voltar à universidade naquela altura, com cinquenta anos de idade e uma vida tão respeitável e vitoriosa construída fora da academia. Em minha opinião, ela não precisava de títulos universitários. Mas repetimos as lições não aprendidas, dizem os manuais de autoajuda. Voltei para a universidade com idade próxima a de Sueli, por motivo bobo.

Eu trabalhava num órgão público e havia uma vaga de chefia no meu departamento. Pensei que a ocuparia, naturalmente, tanto pelo meu currículo, quanto pela qualidade do trabalho desempenhado. Avaliei errado.

Um dia, bati à porta da sala do chefe e perguntei por que ele não me promoveu à diretoria e buscou uma pessoa de fora para o posto. Ele me respondeu que a nova diretora era doutora e professora universitária, eu não queria me comparar a ela, não é?

Coloquei o rabinho entre as pernas e resolvi prestar seleção para um doutorado, para obter o título e não correr o risco de perder outro posto de chefia e a oportunidade de ganhar um salário maior. Quem sabe, com intensidade de trabalho e alguma sorte, passaria num concurso para professora em universidade pública?

Não sei os motivos reais para Sueli ter voltado à universidade. Seguramente, foram mais nobres do que os meus, entretanto, importa o movimento de retorno inimaginado àquela instituição. A volta da cabocla, talvez, ação dos fundamentos incompreendidos.

# 76. SIMPLES ASSIM!

EXPRESSÃO CARACTERÍSTICA DE Sueli, cuja origem desconheço, bastante utilizada em circunstâncias íntimas ou ainda em questões que, na perspectiva sueliana, não demandariam grande complexidade interpretativa ou resolutiva, como a que segue.

Sueli e eu fomos convidadas pelo Ministro Joaquim Barbosa para participar de sua posse no Supremo Tribunal Federal. Os convites, pessoais e intransferíveis, chegaram à sede de Geledés. Sueli me telefonou para contar a novidade e, obviamente, se impacientou com minhas demonstrações de incredulidade pelo convite. Me mandou não ocupar seu ouvido com bobagens e propôs acertarmos o horário da viagem.

A cerimônia era no fim da tarde, salvo engano. Sueli, filha de mineiro, prudente, portanto, marcou nossas passagens para o final da manhã. Chegamos, nos hospedamos, almoçamos, vivemos uma aventura e fomos para o evento.

A aeronave transportava muita gente que se dirigia ao STF (soubemos pelo tititi na fila de embarque, dentro do avião e na saída), a maioria esmagadora vestia-se de preto.

Ao desembarcarmos, em algum momento Sueli segredou: "Todo mundo de preto, você viu?" "Vi, mas esse povo do judiciário se veste de preto mesmo." "Tá complicando, Cidinha. Acho que é mais do que isso. Você trouxe roupa preta?" "Eu, não. Praticamente não visto preto. Ah, se for uma exigência, você acha que vão nos barrar?" "Bom, o nome mesmo já diz: e-xi-gên-cia." "Será? Tinha essa recomendação no convite?" "Ah, agora já é recomendação... você não leu o convite?" "Eu? E você me mostrou o convite, por acaso? Nem me deixou falar..." "Ai, não enche, Cidinha. Não tinha tempo para ouvir sua ladainha de dúvidas se o convite era para você mesma. Se estava no seu nome, era. Vamos olhar aqui. Deus do céu, complicou. Tem que usar roupa preta, tá escrito aqui." "E você, trouxe roupa preta, Sueli?" "Eu, não!"

O debate seguinte foi sobre alugar ou comprar uma vestimenta para seguir as normas. Bati o pé e decidimos adquirir, pois o custo-benefício compensava. "Simples assim", ela falou quando reclamei que um quinto do meu salário morrera naquela roupinha.

## 77. TUDO MUDA, ATÉ SUELI CARNEIRO

VIVI PARA VER e ouvir Sueli Carneiro, no dia vinte e nove de setembro de 2022, falar em primeira pessoa e contar acontecimentos pessoais para um público ávido por aquelas histórias.

Isso foi no Theatro Municipal de São Paulo, durante uma conversa promovida pela organização do Prêmio Jabuti, que a homenageou naquele ano. Havíamos passado pela pandemia de covid-19, pelo isolamento social, pelo medo da morte (desassistida), por mais de setecentos mil óbitos, em grande parte evitáveis caso o problema de saúde pública tivesse sido tratado com seriedade. Não sei se por esse motivo, ou porque o coração vai amolecendo à medida que envelhecemos, o certo é que naquela situação pública, Sueli abordou minudências incomuns. Estava feliz pela inusitada homenagem, é verdade. Agradecida.

# 78. EVITE TORNAR-SE UMA VERSÃO DE PEPINO, O BREVE

PEPINO FOI PROCLAMADO rei dos Francos em 751 (século VIII), fundou a Dinastia Carolíngia, em homenagem ao pai, Carlos Martel. Pepino, por sua vez, é pai do famoso imperador Carlos Magno. O apelido "O Breve" parecia referir-se à sua pequena estatura.

Na interpretação sueliana, contudo, as referências a Pepino, o Breve, estão ligadas a figuras meteóricas que surgem e desaparecem, ou desaparecerão logo do cenário político. São cometas fulgurantes, não marcam a História, apenas performam, fazem aparições. Porém, a despeito de vivermos na sociedade do espetáculo – ideia de Guy Debord –, penso que seja saudável aprender a fincar raízes para viver uma vida longa, frutífera e consequente.

## 79. MESMO CHEGANDO A GENERAL, É PRECISO MANTER-SE SOLDADO

EXISTE UM PROVÉRBIO iorubá que, à primeira vista, lembra o espírito desta antepenúltima lição do Método SC, contudo, um olhar detido mostra as diferenças. O provérbio iorubá exorta: "Não esqueça o que é ser um marinheiro, só porque agora é capitão." Trata-se aqui de colocar-se no lugar do outro, daquele que não ascendeu, que ainda está embaixo na hierarquia.

No binômio sueliano general/soldado, existe a convocação para cumprir disciplinadamente as tarefas que nos cabem, tudo o que está sob sua responsabilidade, mesmo sendo uma obrigação pequena e, você, muito grande. Trata-se de outra maneira de fazer o que precisa ser feito, a despeito das hierarquizações.

## 80. RECEBA O QUE A VIDA TE OFERECE COMO DÁDIVA

A QUERIDA AMIGA Bel Santos Mayer me procurou certa vez para perguntar se Sueli aceitaria uma homenagem. Alegou necessidade de sigilo, mas era coisa boa. Assegurei que ela aceitaria de coração aberto e feliz, porque considera uma honraria o reconhecimento pelo trabalho de décadas desenvolvido na luta contra o racismo. Ela aceitaria porque não avalia esses movimentos como vitórias pessoais, mas algo respaldado e justificado pela força da luta coletiva.

Meses corridos no calendário e soube pela imprensa que Sueli seria a pessoa homenageada pelo Prêmio Jabuti naquele ano. Este era o segredo de Bel Santos.

Noutra oportunidade, Wanderson Flor do Nascimento, amigo querido e professor da Universidade de Brasília, também me procurou, desta feita, para saber se Sueli aceitaria receber um título de Doutora *Honoris Causa* concedido pela universidade. Respondi que ela amaria e repeti as mesmas palavras ditas a Bel Santos.

Nas duas ocorrências, não consultei Sueli, tanto porque meus interlocutores me pediram para não fazê-lo, quanto porque não achei necessário, pois estava certa da resposta dela. Aceitar homenagens faz parte da etiqueta do agradecimento, dominada por Sueli.

Das setenta idades em diante, tenho visto Sueli chorar de alegria com frequência, tocada e agradecida pelos afagos de reconhecimento emanados de múltiplas direções. Exemplo recente foi o título de cidadania concedido a ela pelo governo do Benin, África do Oeste.

Saber receber o reconhecimento e agradecer por ele é atestar, de dentro para fora, a validade da luta da vida inteira.

# 81. NENHUMA GUERRA DEVE ENDURECER NOSSO CORAÇÃO

A DECLARAÇÃO DE Sueli de que sua luta contra o racismo e o sexismo nasceu da indignação é verdadeira. Contudo, o motor central desse embate, fundamento desse movimento incessante e cada vez mais preciso, me parece ser o amor alimentado por sua gente. Sueli ama a gente negra, como ama sua família, a nuclear e a extensa. A gente negra de África e da Diáspora é sua família estendida.

# IÊ! MENINA, QUEM FOI SUA MESTRA?

SUELI CARNEIRO, A pessoa mais importante da minha vida, aquela que me deu a segunda vida, a que vivo hoje.

Estabeleci, com Sueli Carneiro, uma relação intensa, desde a primeira vez que a vi, em julho de 1988, no Tribunal Winnie Mandela. A princípio, três aspectos me impressionaram: suas certezas, sua braveza, e as duas características juntas, ou seja, sua ferocidade para defender e conduzir suas convicções.

Aos dezenove anos, o destino me apresentava o ser humano mais forte que havia cruzado meu caminho até aquele momento, e não acho que alguém a tenha superado nas décadas posteriores, todas elas lastreadas pelo abalo sísmico de encontrá-la num momento tão fecundo da vida. De lá para cá, passaram-se quase quarenta anos (1988–2025) e a mim soou justo e imperioso entregar ao mundo o que consegui sistematizar do meu aprendizado com ela, por enquanto.

Este livro, portanto, passa também em revista a vida que experienciei sob a luz negra da Senhora do Fogo Azul, a que me pariu na forja de Ogum, pela forja de Ogum.

Um jornalista me perguntou certa vez em que Sueli havia influenciado minha trajetória literária. Não consegui identificar nada específico na literatura, entretanto Sueli vem sendo definidora em minha vida desde o primeiro momento. Se me perguntassem hoje, depois da escrita deste livro, talvez mencionasse sua atuação como polvo, discutida nas lições iniciais do Método SC.

Sem dúvidas, tal qual dezenas de pessoas tocadas pela magia de Sueli Carneiro, tivemos um reencontro de velhas conhecidas, reconectadas quando nos olhamos. Sueli me tratou como filha desde o momento inaugural em que nos percebemos e soubemos quem éramos uma para a outra, uma na vida da outra, embora eu tenha demorado a entender a natureza da nossa relação.

Até os doze, treze anos, fui um projeto possível porque meu pai acreditou em mim. Dos dezenove aos trinta e quatro foi a vez de Sueli me dar as ferramentas necessárias para lutar pela minha vida e da minha comunidade de destino.

Neste *Cachorro grande*, intentei publicizar tudo (ou quase) o que ela me legou. Acho que a prática de me ensinar sem trégua foi sua forma mais constante de me amar e de me proteger.

E em todo esse tempo, espiralado, há ainda tanto nela que me faz admirá-la! Em especial, cito duas características que considero as mais impressionantes. Primeiro, ela tem uma capacidade insaciável de acreditar no sonho das pessoas, uma atitude de avalizar esses sonhos e de transformar esse aval no mais desejado e efetivo lastro para sua realização. A outra característica é sua habilidade incrível para gerenciar todo o amor que lhe dedicam e também o ciúme envolvido nessas entregas únicas e viscerais. Seu coração canceriano é conhecido por todas que a amam e, por isso, a tratam com zelo, respeito e certa devoção (ela adora receber e quer mais, como Ogum, que não quis ser rei, pois preferiu ser admirado). Existem desentendimentos e disputas entre os que a amam. Ela ignora essas contendas, soberana e solenemente, quer ser amada e torna o amor a centralidade do que lhe oferecem.

No mapa sueliano que desenhei neste livro, existem traços comuns a muitos ativistas negros de sua geração que, hoje, podem ser lidos como excessivamente duros. Precisamos considerar que essa geração que lutou contra a ditadura civil-militar foi perseguida, presa, torturada, viu muita gente querida desaparecer e experienciou um processo de formação política muito mais rigoroso do que o nosso.

Para a escrita desta obra, embrenhei-me na vida inteira que Sueli me ofertou, ou seja, venho escrevendo este *Cachorro grande* desde 1988, quando a conheci na sessão de julho do Tribunal Winnie Mandela. Essa é a resposta filosófica sobre o tempo despendido para escrevê-la.

Do ponto de vista técnico, foram dez anos de elaboração, considerando a primeira publicação na qual falei do Método Sueli Carneiro, a crônica "O fogo, têmpera do aço, o tempo, têmpera das gentes".*

Talvez este livro possa ser lido como um documento geracional: é possível, pois trata-se de um caderno de

---

* Cidinha da Silva, *Baú de miudezas, sol e chuva*. Belo Horizonte: Mazza Edições, 2014.

memórias de uma vida modificada pela luz azul de Sueli Carneiro, a minha vida, de uma pessoa que é dezessete anos mais jovem e que foi formada por ela.

Este *Cachorro grande*, repito, é meu testemunho sobre a ação fundante e transformadora de Sueli em minha primeira vida e na vida que ela me deu. Ao mesmo tempo, ele dá a conhecer uma parte importante de Sueli Carneiro.

O Método SC só existiu e teve aplicabilidade porque Sueli Carneiro me deu conselhos e produziu exemplos que me permitiram sistematizar meus aprendizados neste conjunto de oitenta e uma lições.

Sou eu quem dá conteúdo aos princípios e fundamentos enunciados como organizadores de um jeito ímpar de fazer, cobrar e ensinar, presentes no desenvolvimento de cada uma das lições. Conforme disse na introdução e busquei demonstrar ao longo do livro, contemplo aqui um conjunto de leituras, interpretações, reflexões e aprendizados da minha convivência de quase quarenta anos com Sueli.

Cada pessoa se encontra com uma obra a partir do próprio repertório, nesse sentido, não há como prever como será a recepção, tampouco me perguntei se o Método SC seria adequado aos dias atuais. Não houve da minha parte qualquer propositura de replicabilidade.

Desde o começo tive consciência de que a lição mais difícil de aprender é um ensinamento relacionado à casa de Ogum, aquela que é de todos, aberta a todos. Sueli não rifa ninguém, não elimina as criaturas de sua vida. Ela tem sabedoria, compreende como somos frágeis, complexas, paradoxais, idiossincráticas e não exige além do que podemos dar, ela pode querer mais (sempre quer de quem tem para dar), mas não determina, não estabelece patamares para relacionar-se com as pessoas. Ela não pressupõe, deixa que sejamos o que somos. Lida com o que tem, o que se apresenta. Ela é maleável, é o aço temperado pelo fogo, é a ferreira que manuseia o fogo para moldar o aço.

Essa lição ainda não aprendi e não sei se sou capaz de aprender.

Das muitas alegrias que vivi com Sueli, importa destacar algumas que não couberam estritamente nas lições. A primeira delas é ser bem-vinda em todas as casas de Sueli Carneiro, em tudo o que leva seu nome, em tudo o que ela construiu e legou. Isso inclui ter sido convidada para ser uma das diretoras da Casa Sueli Carneiro em 2021, num momento de tensão econômica durante a pandemia. Equivocadamente, não aceitei o desafio, me incluí apenas como técnica para não desviar o foco da carreira literária, mas essa é outra história.

Saber que continuam abertas as portas de Geledés, organização que ajudei a consolidar nos quinze primeiros anos, me honra e alegra.

O fato de compor o Conselho Consultivo da Casa Sueli Carneiro acalenta meu coração como se tivesse recebido um título de doutorado por notório saber.

Tenho orgulho e alegria de ter falado de Leda Maria Martins para Sueli Carneiro quando eu tinha dezenove anos e ela não sabia da existência de Leda nas Minas Gerais, de onde eu vim. Igualmente ter comemorado os setenta anos de Sueli no programa-web que mantive durante a pandemia, o *Almanaque Exuzilhar*, lançando a ideia dessa comemoração para todo o Brasil, e plantado a semente para o Festival Casa Sueli Carneiro, cuja realização da primeira edição (junho de 2022) liderei na instituição.

Notem que registrar aqui meu tanto amor não me permite ser rasa e considerar incondicionalidade, acriticismo, devoção encegueirada. Amar Sueli Carneiro é reconhecer sua humaníssima complexidade, admitir que há, sim, desafios e arestas em nossa relação, que dançam aos meus olhos e passam por minha compreensão de sua personalidade profunda: ela é tradicionalmente africana, forjada na matriz iorubá. Portanto, não existem o bem e o mal, existe a natureza da energia aportada em cada situação, a intencionalidade, o direcionamento.

Sueli é filha de Ogum, irmão fronteiriço de Exu, senhor dos movimentos e dos trânsitos, da movência em absoluta liberdade.

Sueli é a general, seu olhar é invariavelmente estratégico, interseccional e intencional, desse modo, ela compreende a vida com um Garry Kasparov frente ao tabuleiro de xadrez, ou seja, as peças têm valor relacional na dinâmica do jogo.

# EU NÃO ENCERRARIA ESTE LIVRO ANTES
# DE DIZER OUTRO ORIKI DE SUELI CARNEIRO

*NÃO ALIMENTE ILUSÕES, faça o que precisa ser feito.*

Está feito, minha querida.

Fui ao mercado de sete portas, escolhi folhas de dendezeiro fresquinhas, voltei ao tamborete, desfiei fio por fio, me mantive em silêncio, convidei os bons espíritos e os encantados a se aproximarem e pude sentir o encantamento da presença.

Pedi licença a Ogum e me vesti de mariô para te entregar esta oferenda. Oxalá ela tenha aquecido seu coração com boas lembranças. Oxalá você seja celebrada hoje. Oxalá você seja bem lembrada, para sempre bem lembrada, quando for a hora de ir morar nas dobras do tempo.

Agora, quando insistirem para que eu conceitue o verbo-neologismo *exuzilhar*, que criei em 2010, recomendarei que leiam este livro buscando perceber como dialoguei com Exu a partir de uma das suas casas, a encruzilhada, esta sim, teorizada por Leda Maria Martins lá atrás, nos anos 1980. Exuzilhei na frente e nas costas, à esquerda e à direita, em cima, embaixo e dentro.

A hora é de comemoração. Sabe, me lembrei do saudoso professor Bira, Ubiratan Castro. Era 2003 e eu estava divulgando meu primeiro livro, *Ações afirmativas em educação: experiências brasileiras,*\* em Brasília, na Fundação Palmares, convidada pelo Instituto Nzinga de Estudos da Capoeira Angola e de Tradições Educativas Banto no Brasil. O professor Bira, presidente da Fundação, me viu de longe e me saudou com seu sorriso-marco, de bem com a vida. Me desloquei para entregar um exemplar, que foi recebido por ele com efusão e desejos de fertilidade.

Feliz pelo reconhecimento daquele historiador tão amado, murmurei: "Espero as críticas." Do alto de sua generosidade, professor Bira retrucou: "Crítica nada, vamos comemorar. Eu comemoro o seu livro, que seja o primeiro de muitos."

As críticas virão, de você e de outrem. Que eu tenha serenidade para recebê-las e dialogar. E que os críticos recalcitrantes, em especial, se valham do trabalho iniciado por mim e façam melhor do que pude fazer.

Por ora, estou em estado de celebração. Quero festejar contigo a feitura deste livro seu que demorou tanto tempo para ganhar as ruas. Adupé.

---

\* Cidinha da Silva, *Ações afirmativas em educação: experiências brasileiras*. São Paulo: Selo Negro Edições, 2003.

## ESTE LIVRO EM LIÇÕES-SÍNTESE

1. Não alimente ilusões.
2. Faça o que precisa ser feito.
3. A deslealdade é algo imperdoável. Seja leal.
4. Amor à família, a nuclear e a estendida.
5. Só bato em cachorro grande, do meu tamanho ou maior.
6. Invista nas pessoas, aposte. Não importa que elas deem errado.
7. Reconhecimento é algo que demora muito para a gente (se é que um dia chega).
8. A gente não faz nada para a gente mesma, faz para os que virão, faz comprometida com o brilho do amanhã.

## POSFÁCIO:
## DA CASA DE OGUM, XANGÔ ME GUIA
## OU SOBRE BORBOLETAS AZUIS E
## VERMELHO-BRANCAS

SÓ BATO EM *cachorro grande, do meu tamanho ou maior,* pelo inusitado, é uma declaração de amor. Amor na clave da justiça. E mais! Amor como demanda no território da formação política. Amor na casa do silêncio onde a palavra atravessa o portal da mera descrição para aninhar-se na experiência compartilhada de uma vida inteirinha tocada pela experiência da outra; uma experiência que não se amesquinha no umbigo, que, em tudo, é mavioso, mas que reluz uma experiência coletiva, intergeracional, diria mesmo um testemunho.

Testemunho de um tempo que, espiralado, é também a síntese criativa de subjetividades expandidas, no feliz encontro* entre ancestrais e viventes, entre Ogum e Xangô, entre Sueli e Cidinha, mediados pela sagacidade de Exu e seus desígnios, exuzilhando os caminhos de tantas outras mulheres com suas sanhas de fúria e amor.

Cidinha da Silva é a dona da pena, mas fico em dúvida, se, a essa altura, a escritora de literatura-banto é autora ou criatura da própria experiência da qual é narradora. Não seria, antes, uma personagem que o

---

\* Encontros felizes são tensos nas matrizes africanas, tais como na capoeira, no samba, na sambada, no maracatu... É arte de guerra no território da demanda.

Andarilho escolheu para descortinar caminhos e picadas nesta aventura conjunta? Escrever *Cachorro grande* exige coragem, ainda mais que no interstício da palavra reside o silêncio denunciando não uma lacuna, mas um exagero, que a prosa sintética da escritora faz gritar como uma poética exuberante. Talvez seja o testemunho mesmo do momento em que, desvencilhando-se da crisálida, "borboletas furiosas se tornam mulheres negras". E serão borboletas atrevidas a ocupar, como um polvo, todos os espaços da floresta.

Cidinha escreve contos, poemas, dramaturgia, mas notabilizou-se pela crônica. Teceu uma tese escrevendo dezesseis cartas e agora ataca com um livro que flerta com a literatura-testemunho, com oitenta e uma lições que, por sua vez, aproximam-se de provérbios e aforismas. Em todos os casos uma literatura de síntese, posto que a poética é justamente a condensação de uma experiência inefável à procura de expressão.

Posso ler sua literatura como um novo *itã* de *Ifá*, ou seja, a narrativa mui significativa de sua perspectiva da Metodologia SC pela ótica e implicação da contadora, que não tem como objetivo a replicação, muito menos a mimese, mas que, na qualidade da expressão poética, transforma a experiência num poema e, como tal, um testemunho para a humanidade, ainda mais que as tais lições são todas sapienciais.

\* \* \*

*Cachorro grande*, então, extrapola o tempo e o lugar, para alimentar o imaginário da aventura negra, neste caso, protagonizado por mulheres em fúria. Não se trata, portanto, de uma biografia, no mais das vezes pretensiosas, mas de um testemunho que se projeta no *abebê* de Oxum, onde a imagem refletida é *meji*, ou seja, é a configuração de duas forças com brilho definido e percurso próprio. Passa-se de uma literatura-testemunho para uma escritura-autonomia, sem receio de fusões, tensões, influências e separações.

Acompanho a escritora há várias décadas no casulo da amizade, lealdade e da cumplicidade sincera, compartilhando a mesma posição celeste no mapa astral de nossas vidas.* Entusiasmado, acompanhei a metamorfose da ativista, gestora e produtora de ensaios analíticos sobre ações afirmativas no Brasil, para a escritora, que jamais renunciou à sua formação política, mas que ganhou outras cores na sua expertise estética. Sua verve, apuradíssima, a transporta para a Casa do Amor.

Já foi dito: o *Cachorro grande* é um ladrido de amor. De modo algum um amor meloso, superficialmente emotivo, romântico, burguês, individuado, narcísico, emoldurado por um imaginário pobre que reduz a experiência do amor à idealização com vistas à subjugação do Outro. *Ilê Ifé* é literalmente a Casa do Amor, para onde Ogum abriu

---

\* Eu e Cidinha fazemos aniversário no mesmo dia e no mesmo mês – afastados por alguns poucos anos..

picada com sua *agadá* para todos os *irunmulês* habitarem e Xangô, nas cercanias, fazer seu reino. A Casa do Amor não é o modelo do patriarcado patrocinador do sexismo e da transfobia. *Ilê Ifé* é o lugar de desbravamento, é o espaço da conquista, do conflito; é território de luta e afeto, palco para a altivez e autonomia, codinomes de Sueli e Cidinha. O amor resulta não como mero sentimento, mas um compromisso da produção do bem-viver da Outra e de Si Mesma. O amor é um lugar de convivência pautada, eu diria, pelo menos por oitenta e uma lições que explicitam o caminho (o Método SC) de sua realização. Oitenta e uma lições que podem ser sintetizadas, diz Cidinha, em oito sentenças (tal como as oito sementes no *Opelê Ifá* sintetiza a sabedoria nagô todinha, diria eu):

1. Não alimente ilusões.
2. Faça o que precisa ser feito.
3. A deslealdade é algo imperdoável. Seja leal.
4. Amor à família, a nuclear e a estendida.
5. Só bato em cachorro grande, do meu tamanho ou maior.
6. Invista nas pessoas, aposte. Não importa que elas deem errado.
7. Reconhecimento é algo que demora muito para a gente (se é que um dia chega).
8. A gente não faz nada para a gente mesma, faz para os que virão, faz, comprometida com o brilho do amanhã.

\* \* \*

*Da casa de Ogum, Xangô me guia* é epígrafe retirada do samba-enredo da Beija-Flor de Nilópolis, escola de samba do Rio de Janeiro. É o samba-enredo da vida pública* de Cidinha, forjada a ferro (de Minas) e carvão em brasa. É uma trajetória de carbono condensado, sob alta pressão do fogo azul-esmeralda que se transmuta em diamante: minério duro, e se lapidado, deslumbrante. Neste caso somente um metal precioso produz outro. Hierarquias respeitadas, há que se reconhecer que a ancestralidade está resguardada, posto que a sucessão (in)desejada é já um posto. Com cores inusitadas, caminhos entrepostos, autonomia lapidada, entendo, então, na dobra do tempo, o passado ogúnico no futuro xangônico exuzilhados no presente exposto.

Exu, tantas vezes reverenciado, é, aqui, não apenas o vetor da ética – sentido da política negro-africana-diaspórica –, mas também o liame do amor. É ele quem cuida das relações e suas intensidades; ele quem propicia o caminho e a mensagem; ele é o gozo da luta e o deleite da vitória; é leal, sagaz, analítico, propositivo, estratégico, agregador, autônomo, afetivo, realizador. É o poder no mundo, que, aliás, é tema subjacente no decorrer do livro e na trajetória da Mestra que dá lição (Sueli Carneiro) e da discípula que aprende (Cidinha da Silva) que, pela arte da mandinga, alternam e encarnam as duas personagens nesse jogo inacabado de produção de infinitos.

Diante da literatura-testemunho dou meu testemunho do último encontro que presenciei entre Cidinha e

---

* Com forte repercussão privada, posto que fala alto na formação inteira da mulher Cidinha.

Carneiro. Foi justamente na véspera de seu aniversário, 19 de maio de 2021, na ocasião em que Silva defendia sua tese de doutorado.* As avaliadoras externas ao PPGDC eram Cida Moura e Sueli Carneiro. Um encontro de gerações, que rememoro ao ouvir o latido do *Cachorro grande*. Foi, com o perdão da expressão, uma "briga de cachorro grande". A discussão permeava as políticas públicas relativas ao livro, leitura, literatura e bibliotecas no Brasil. Sueli, a seu modo (com seu método), inquiria sua pupila, naquele momento, doutoranda, sobre o tema sensível da (in)eficácia das políticas públicas para o povo negro e o tema sensível que sobressaía era o da meritocracia e a insuficiência da formulação política para o sucesso das ações afirmativas. Surgia uma "divergência quase secular entre nós", diagnosticava Cidinha, que me fez entender que era uma polêmica que atravessava a história cruzada da mestra e da discípula. O que Sueli enxergava como meritocracia, Cidinha via como operacionalidade. Um embate sobre formação e pragmatismo. Sobre conceito e aplicabilidade. Um ótimo diálogo entre a educadora política e a gestora.

Esse texto tem contexto e não me cabe aqui sua análise detida, mas, sob a responsabilidade do testemunho e a corresponsabilidade que me cabia,** reforço meu testemunho, como um diplomata da sabedoria. Evoco a palavra da mais velha (Sueli Carneiro), motivo dessa

---

\* Cidinha da Silva, *Pirilampo das africanidades em políticas públicas para o livro, leitura, literatura e bibliotecas no Brasil (2013–2015).* Salvador: UFBA, 2021.

\*\* Eu era, então, o orientador de Cidinha.

obra de autoria (Cidinha da Silva), onde a cofundadora de Geledés ensinava: "Campo de batalha é campo de mandinga", estribilho enriquecido pela palavra mandingada de Cidinha que, neste livro que a leitora e o leitor tem nas mãos, revela atrás de uma máscara Geledés a faceta de duas gerações e uma experiência: negras mulheres em fúria no seu voo borboleta, tingindo de azul o céu cinza (branco?) do racismo, enfrentando destemidas a nuvem de chumbo da vilania com as cores vermelha e branca da paixão e da justiça.

Simples assim!

*Eduardo Oliveira,*
*ensaísta, poeta, babalawô e professor*
*da Universidade Federal da Bahia*

## AGRADECIMENTOS

A JANJA ARAÚJO, minha amada, pelo apoio amoroso de todas as horas; também pelo abrigo na casa de Roji Mukumbi, parente de Ogum no panteão Angola-Congo, na qual este livro foi escrito durante vinte e seis dias do mês de janeiro e dez dias do mês de fevereiro de 2025.

Ao Taata Mutá Imê por ter acertado minha cabeça e por ter pacientemente me ouvido e orientado durante os anos em que amadureci a decisão mais aflitiva da vida, a saída de Geledés. Foi uma dificuldade quase insuperável, porque eu receava ser lida como ingrata e temia perder Sueli: "Não tenha medo", o Taata me disse, "ela te ama e vai se alegrar com o seu brilho. Ela tem orgulho de você e não vai deixar de ter se você conduzir a sua vida de uma maneira honrada."

Ao Babá Moisés de Exu, pela generosidade, alegria e amorosidade com que me recebeu e me fortaleceu em sua Egbé.

À querida tatiana nascimento, interlocutora na feitura deste livro (e na vida), que argumentou (durante quase dois anos) com delicadeza e paciência contra o título inicialmente escolhido por mim: *Carinho de jumento é coice*. Seria um bom tiro mercadológico, mas uma expressão ruim do ponto de vista da estigmatização da afetividade das irmãs negras, à qual nós combatemos. Obrigada pela insistência, amiga, e também pela orelha do livro.

Às queridas leitoras e leitores críticos que, gentilmente, me ofereceram seu tempo para cortar os excessos, corrigir desvios de rota e acrescentar fluidez ao livro: Áurea Carolina, Gabriela Gaia – também pelo registro da foto que serviu como base para a ilustração de quarta capa criada por Alcimar Frazão –, tatiana nascimento, Valéria M. B. Teixeira, Arthur Moura Campos e Alessandro Campos, pela quarta capa e pelo olhar arguto que me mostrou dimensões do livro ainda imperceptíveis aos meus olhos.

A Wanderson Flor do Nascimento, que conhece a natureza de Ogum como poucos, portanto, conhece bem Sueli Carneiro, e aceitou, de novo, fazer o prefácio de um livro meu.

A Eduardo Oliveira, Dudinha, que acompanha essa roda gigante há quase trinta anos, me conhece como pouca gente e, novamente, atendeu à convocação para posfaciar um livro escrito por mim.

A Livia Vianna, querida editora, que topou o projeto nas primeiras frases que proferi e propiciou excelentes condições de tempo e apoio material para que ele acontecesse.

A você, leitora e leitor, que lê esta obra e a faz caminhar pelo mundo.

A vocês todas, agradeço e abraço. Adupé, minha gente.

A primeira edição deste livro foi impressa em junho de 2025,
data que marca a celebração dos 75 anos de Sueli Carneiro
e dos 58 anos de Cidinha da Silva.

*

O texto foi composto em Minion Pro 11,5/15,7,
impresso em papel off-white no Sistema Cameron da
Divisão Gráfica da Distribuidora Record.